Aktuelle Antike

November 2002
Gerhard Kneißler
in freundschaftlicher
Verbundenheit
Ihr Friedrich Maier

Aktuelle Antike

Dresdner humanistische Reden

Herausgegeben vom
Deutschen Altphilologenverband

Zusammengestellt und redigiert von
Helmut Meißner

Ernst Klett Schulbuchverlag Leipzig

Leipzig Stuttgart Düsseldorf

Die Deutsche Bibliothek – CIP-Einheitsaufnahme

Aktuelle Antike: Dresdner humanistische Reden /
hrsg. vom Deutschen Altphilologenverband. Zsgest. und red. von
Helmut Meißner. – Leipzig : Ernst Klett Schulbuchverlag, 2002.
ISBN 3-12-667110-1 (br.)
ISBN 3-12-667111-X (geb.)

Das Umschlagfoto wurde freundlicherweise von Alfred Grosser
zur Verfügung gestellt.

© Deutscher Altphilologenverband e. V., 2002

Alle Rechte vorbehalten.

Das Werk einschließlich aller seiner Teile ist urheberrechtlich geschützt.
Jede Verwertung außerhalb der engen Grenzen des Urheberrechts-
gesetzes ist ohne Zustimmung des Deutschen Altphilologenverbandes
unzulässig und strafbar. Das gilt insbesondere für Vervielfältigungen,
Übersetzungen, Mikroverfilmungen und die Einspeicherung und
Verarbeitung in elektronischen Systemen.
Gedruckt auf 80 g/m² matt gestrichenes Papier.

Das Werk folgt der reformierten Rechtschreibung mit Ausnahme der Texte,
deren Verfasser die alte Rechtschreibung bevorzugten.

Satz: huth & möller, Leipzig
Druck: Druckhaus Berlin-Mitte

Inhalt

Helmut Meißner
Geleitwort
7

Gesine Schwan
Laudatio auf Alfred Grosser bei der Verleihung
des Humanismus-Preises durch
den Deutschen Altphilologenverband
9

Alfred Grosser
Europas Grundwerte
Ansprache anlässlich der Verleihung
des Humanismus-Preises
des Deutschen Altphilologenverbandes
18

Richard Schröder
Europa, was ist das?
31

Theo Sommer
Latein und Griechisch?
Heute erst recht!
52

Heike Schmoll
Nachhaltige Bildung
Latein und Griechisch im modernen Fächerkanon
73

Matthias Rößler
Grußwort zum Kongress
des Deutschen Altphilologenverbandes
97

Achim Mehlhorn
Grußwort zum Kongress
des Deutschen Altphilologenverbandes
103

Helmut Meißner
Aktuelle Antike
Latein und Griechisch:
Bildung ohne Verfallsdatum
108

Manfred Fuhrmann
Bildung ohne Inhalte?
Bemerkungen zu einer verbreiteten Tendenz
in der gegenwärtigen Diskussion
117

Friedrich Maier
Wissen – Bildung – Gymnasium
Die klassischen Sprachen in der »Wissensgesellschaft«
140

Durs Grünbein
Zwischen Antike und X
150

Autorenverzeichnis
157

Helmut Meißner

Geleitwort

Was Europa zusammenhält, ist letztlich nicht seine *Währungs*gemeinschaft, sondern seine *Werte*gemeinschaft. Ohne Werte wie Freiheit, Vernunft und Verantwortung wird die Chance eines menschenwürdigen Daseins auf diesem Kontinent nicht dauerhaft gesichert bleiben. Solche für Europas Identität konstitutiven Werte sind zweifellos nicht von heute auf morgen entstanden. Ihre Entstehung – oder besser: das Ringen um diese Werte – lässt sich durch die Jahrhunderte bis in frühgriechische Zeit zurückverfolgen. Gerade in den vergangenen Monaten, namentlich nach dem 11. September 2001, entstand vielfach ein neues Bewusstsein, dass diese Werte verlierbar sind und von jeder Generation neu erarbeitet werden müssen. Die Frage nach dem Ursprung dieser Werte und nach den gemeinsamen Wurzeln der europäischen geistigen Tradition gewann dadurch eine neue Aktualität!

Die Reden und Vorträge dieses Bandes wurden auf dem Kongress des Deutschen Altphilologenverbandes vom 2. bis 6. April 2002 an der Technischen Universität Dresden gehalten. Im Rahmen dieses Kongresses erhielt der französische Politikwissenschaftler und Publizist Alfred Grosser den Humanismus-Preis. Grundgedanke dieses Preises ist das auf die Antike zurückgehende Ideal der Verknüpfung von geistiger Bildung und aktivem Eintreten für das Gemeinwohl. Alfred Grosser dankte mit einer bemerkenswerten Rede über Europas Grundwerte; sie ist, zusammen mit Gesine Schwans Laudatio, an den Beginn dieses Bandes gestellt.

Das Motto dieses Kongresses – Aktuelle Antike – ist zugleich ein Hauptthema aller Beiträge des Bandes. Dabei setzt diese Sammlung einen besonderen thematischen Akzent: Es wird nicht nur untersucht, was der *Einzelne* davon haben kann, sich mit Griechisch und Latein zu beschäftigen. Mit einer Schärfe wie selten zuvor wird, besonders von Theo Sommer, auch die Frage herausgearbeitet, was Europa *insgesamt* verliert, wenn die »Funktionseliten« sich nicht mehr den Zugang zu den Wurzeln unserer Kultur »freischaufeln«!

*Was ihn am meisten ehrt, ist
sein eigenes Tun.*

Gesine Schwan

Laudatio auf Alfred Grosser
bei der Verleihung des Humanismus-Preises
durch den Deutschen Altphilologenverband

Dass wir in der Gegenwart an Orientierungslosigkeit litten, auf die Idee würde man im Gespräch – nein, in der Rede und Gegenrede – mit Alfred Grosser nicht kommen. Um welches Thema es sich auch immer handelt – wenn wir mal Feinheiten der Astrophysik auslassen wollen –, Alfred steuert das Gespräch so, dass man den Eindruck hat, er wüsste genau, wo wir landen müssen. Und dies im Namen des sokratischen Fragens, das doch eigentlich einen offenen Ausgang haben sollte. Wirklich oder nur scheinbar? Zeugt die Entschiedenheit von Alfred Grossers Diskurs – und selbst in seinen beeindruckend zahlreichen Büchern *redet* er ja eigentlich mit seinen Lesern – trotz seines entschiedenen Eintretens für Freiheit und Aufklärung von einem latenten Dogmatismus? Oder sollte man eine solche ketzerische Frage in einer Laudatio lieber nicht stellen?

Ich wage es in der ruhigen Zuversicht, dass Alfred Grosser eine Schwäche für das Ketzertum hat, und zugleich mit dem Ausdruck des aufrichtigen Dankes dafür, dass die Veranstalter dieser wunderbaren Preisverleihung mir ebenso wie der Laureat das Vertrauen entgegengebracht haben, die Laudatio auf den schon so vielfach Ausgezeichneten zu halten.

»Penser juste!«, das heißt »avec justesse et avec justice« – in dieser Maxime, so scheint mir, kristallisiert sich das

Leitmotiv von Alfred Grossers Denken und Handeln. »Das heißt ungefähr«, so übersetzt er selbst: »Richtig denken bedeutet mit Richtigkeit und Gerechtigkeit zugleich.«[1] Kein Zweifel, Alfred will uns erziehen, mit Charme zwar und immer mit einem Lächeln, aber unbeirrt, er lässt uns nicht entweichen. Und als ob es in der Gegenwart keine endlosen philosophischen Infragestellungen des Wahrheitsbegriffs, z. B. keine Habermas/Apel-Kontroverse gäbe, hält er fest an einer »Pädagogik der Wahrheit und der Gerechtigkeit«[2].

Wie geht sie vor? Sie bedarf, so Grosser, grundlegend der Methode des Vergleichs. Nur wenn wir konsequent auf Distanz zu unserer eigenen theoretischen Annahme, zu unserem empirischen Befund, zu unseren Einschätzungen und Wünschen gehen, indem wir sie mit alternativen Positionen oder Ansprüchen vergleichen, haben wir die Chance, Fehler zu vermeiden, richtig zu denken.

Das »Richtige« in diesem epistemologischen Ansatz verbindet den wertfreien Erkenntnisgewinn durch Komparatistik mit dem moralischen Gebot der Gerechtigkeit, genauer: der Vergleich steht im Dienst der Gerechtigkeit, er ist ein Vehikel, jedenfalls in der Politik und in den Sozialwissenschaften, unermüdlich den Gesichtspunkt des »Anderen« einzunehmen. Am Beispiel der gegenseitigen Ressentiments im früheren Jugoslawien: Alfred Grosser reagiert verärgert auf Zuschriften eines katholisch-kroatischen und eines serbisch-orthodoxen Priesters, die beide jeweils nur von den Verbrechen sprechen, die ihren eigenen Völkern angetan worden sind, ohne zu erwähnen, was diese ihrerseits zuvor angerichtet hatten. Umgekehrt wäre es richtig: »*Jeder sagt den Seinen, was sie zum Verständnis der anderen führen mag*« – das wäre die »*schöpferische Art, die negative Vergangenheit zu betrachten*«[3].

Diese Praxis hat Alfred Grosser jahrzehntelang zwischen Frankreich und Deutschland geübt. Dabei betont er immer wieder seine nationale Zugehörigkeit zu Frankreich, trotz seines deutschen Ursprungs, er spricht nicht als »frei schwebender Intellektueller«. Irgendwann hat er, Bezug nehmend auf seine Biographie, verwundert bemerkt, dass er vor seinen Studenten in der »Wir-Form« von den Franzosen im Ersten Weltkrieg sprach, während doch sein Vater als Stabsarzt auf der deutschen Seite seinen Beruf ausgeübt hatte. Und zugleich ist es ihm ein lebenslanges Herzensanliegen, zwischen beiden Völkern zu vermitteln.

Dabei haben es die Deutschen ihm und seiner Familie wahrhaftig nicht leicht gemacht. Sein Vater, ein bekannter Professor der Pädiatrie, gab seine vorzüglich reputierte Frankfurter Kinderklinik schon kurz nach Hitlers Machantritt auf und ging mit seiner Familie nach Frankreich, weil er das Elend, das den Juden in Deutschland bereitet werden würde, voraussah.

Ein Jahr später starb er, und die kluge, tapfere und von Alfred Grosser allzeit verehrte Mutter musste allein für die Familie sorgen, verlor auf der Flucht in Südfrankreich ihre Tochter – Erfahrungen, die einem Deutschland wahrhaft verleiden konnten. Nicht so bei beiden verbliebenen Grossers. Sie engagierten sich gemeinsam fast zwanzig Jahre lang bis zum Tod der Mutter im »*Comité francais d'échanges avec l'Allemagne nouvelle*«. In unzähligen Fernsehauftritten, Zeitungsartikeln und in einer Vielzahl von Büchern klärte und klärt Alfred Grosser Deutsche und Franzosen über ihren jeweiligen Nachbarn auf, begann damit gleich nach dem Kriegsende 1945 und baut seitdem unermüdlich am Werk der gegenseitigen Verständigung.

In der Aussprache seines vorzüglichen Deutsch, um das ihn viele Deutsche beneiden können, klingt immer ein kleiner französischer Akzent mit, wie vormals bei Carlo Schmid, und ich halte es nicht für ausgeschlossen, dass er ihn auch ein wenig pflegt ... Wichtig ist ihm, den deutschfranzösischen Vergleich nicht ins Schematische abgleiten zu lassen. Es gibt durchaus Unterschiede hinsichtlich der moralischen Qualität der Politik und Kultur dieser beiden Nachbarn: Die französische Polizei, so Grosser immer wieder, muss man häufiger an den erforderlichen demokratischen Verhaltenskodex erinnern als die deutsche. Aber mörderische Brutalität gegen Ausländer findet sich in der deutschen Gesellschaft mehr als in der französischen[4]. »Penser juste« heißt auch, die empirischen Unterschiede zu beachten, ohne in eine unerlaubte Verallgemeinerung zu geraten.

Was treibt Alfred Grosser dazu, sein phänomenales Gedächtnis, seinen Sinn für Gerechtigkeit, seine scharfen Analysen so unermüdlich in den Dienst der Verständigung gerade zwischen verfeindeten Menschen und Gruppen zu stellen? Es hat wohl mit seiner Fähigkeit zum Glücklichsein und mit der Komplexität seiner Persönlichkeit zu tun, in der sich sehr unterschiedliche Identitätsanteile einvernehmlich miteinander verbinden.

Obwohl er selbst dem Modewort Identität eher kritisch gegenübersteht, bildet er ein hervorragendes Beispiel für das Studium einer gelungenen Identität. Zwei Grundgedanken erscheinen mir dabei leitend: Die Identität einer Person ist keine Gegebenheit, keine rein faktische Zugehörigkeit, sondern eine Leistung der Person. Und – zweitens – je komplexer sich die Identität einer Person gestaltet, desto wertvoller und umfangreicher ist ihre Chance, zur Verständigung zwischen Menschen, gerade auch zwischen verfeindeten, beizutragen.

Den Menschen dadurch nützlich zu sein, dass er ihnen zu ihrer Verständigung hilft, darin sieht Grosser die grundlegende Sinngebung seines Lebens: »*Sans le critère de l'utilité à autrui, il est en effet difficile de donner un sens à l'espace de temps qui sépare de la mort et d'assumer une identité insérée.«*[5] (*»Ohne das Kriterium der Nützlichkeit für andere ist es in der Tat schwierig, der Zeitspanne bis zum Tod einen Sinn zu geben und eine darin eingefügte Identität zu übernehmen.«*)

Damit tut Grosser zugleich ein hervorragendes Werk des Friedens. Der Friedenspreis des deutschen Buchhandels, der ihm 1975 verliehen worden ist und bei dessen Übergabe er der damaligen Bundesregierung wegen des sogenannten Extremistenbeschlusses in Sachen Liberalität die Leviten gelesen hat, zollte dem eindrückliche öffentliche Anerkennung. Ich will übrigens nicht verschweigen, dass ich damals Grossers harsche Kritik nicht akzeptiert habe, weil sie mir die komplizierten Nach-68er-Verhältnisse an den deutschen Universitäten nicht ausreichend in Rechnung zu stellen schien. Dies war wohl einer der wenigen Dissense zwischen uns. Er hat sich allerdings inzwischen aufgelöst, und nachträglich gebe ich Grosser Recht, dass unsere Sorge vor antidemokratischer Unterwanderung wohl übertrieben war und die Gefährdungen der Illiberalität im Verwaltungshandeln unterschätzt hat. Dennoch: Der Extremistenbeschluss hatte seinen Ursprung nicht in einer illiberalen Gesinnung seiner Initiatoren – daran halte ich fest.

Aber welches ist nun der behauptete Zusammenhang zwischen komplexer Identität als persönlicher Leistung und Frieden stiftender Verständigung?

In der Folge des großen Soziologen Georg Simmel und seines Schülers Lewis Coser – auch er ein Emigrant der dreißiger Jahre des vorigen Jahrhunderts – hat die Soziologie auf den Wert sogenannter Überkreuz-Loyalitäten aufmerksam gemacht.

Sie leisten einen besonders wertvollen Beitrag für den friedlichen Zusammenhalt moderner pluraler Gesellschaften, in denen Individuen und Gruppen mit durchaus unterschiedlichen, ja auch gegensätzlichen Interessen, sozialen

Zugehörigkeiten und Weltanschauungen freiheitlich zusammen leben wollen. Personen, die unterschiedliche Zugehörigkeiten in sich nicht nur faktisch vereinen, sondern in einem andauernden Vorgang der Selbstreflexion auch zu einer inneren Kohärenz zusammenfügen – das ist ihre besondere, oft anstrengende Leistung – bilden einen kostbaren »Kitt«, der die Gesellschaft vor Gräben, Versäulung und Ghettoisierung bewahrt. Denn durch sie und ihr Handeln in der Gesellschaft wird konstant ein Netz gegenseitiger Verständigung geknüpft, das immer erneut das Gemeinsame trotz aller Unterschiede zum Tragen bringt.

Als Franzose deutschen Ursprungs, der auch emotional an wichtigen Werken deutscher Kultur hängt – Grossers Liebe zur deutschen Musik, von Schütz bis Schubert, hat ihn tief geprägt – als Atheist mit großer Hochachtung für den katholischen, auch sehr praktisch in der Sterbehilfe bezeugten Glauben seiner geliebten Frau Annie, als Jude mit kritischer Distanz zur Politik Israels, um nur drei seiner durchaus spannungsreichen Loyalitäten zu nennen, setzt er seine ganze – wahrlich nicht geringe! – Energie darein, die gegensätzlichen Standpunkte so genau wie möglich nachzuzeichnen und auch gefühlsmäßig verständlich zu machen. Das gelingt ihm so gut, weil er seine eigenen Zugehörigkeiten und Loyalitäten nicht einfach unverbunden in sich stehen lässt, sondern sich dort, wo sie in Widerspruch zueinander geraten könnten, zu einem Gesichtspunkt durcharbeitet, von dem her ein gemeinsamer Maßstab für die unterschiedlichen Ansprüche entsteht.

Es ist dabei wichtig, dass emotionale Anhänglichkeiten dazu antreiben, die Gegensätze konträrer Zugehörigkeiten in Brücken, eben in Überkreuz-Loyalitäten zu verwandeln. Die Ansprüche der nachwachsenden Generation nehme ich ganz anders wahr, wenn ich Töchter oder Söhne habe, die ich liebe und an deren Glück mir existenziell liegt. Wie eng

Liebe und Verstehen zusammenhängen, zeigt uns eine lange philosophische und religiöse Tradition.

Alfred Grosser spricht deshalb auch bezeichnenderweise immer von der Notwendigkeit einer »warmen Vernunft«: »*Die Gerechtigkeit anderen gegenüber setzt voraus, dass man sie – ihre Lage, ihr Denken, ihren Willen – zunächst einmal mit warmer Vernunft und intellektueller Redlichkeit untersucht hat.*«[6] »*Durch Wissen und Wärme aufklärerisch beeinflussen – es könnte undankbarere selbstgestellte Aufgaben geben!*« So lautet ein programmatisches Entrée in »Mein Deutschland«, einem der wichtigen Dokumente von Grossers deutsch-französischem Verständigungswerk.

Der nur kalte Verstand bleibt hinter einem tieferen Blick in die Motive und Befindlichkeiten der Kontrahenten zurück und erreicht die Menschen nicht. Liebe erzeugt die Wärme, die Verhärtungen auflöst und die Menschen für einander öffnet. Dass dies ein *Mann* sagt, gefällt mir besonders gut. Einfühlung, Verständnis, Zuwendung und Frieden gehören eben zusammen und gelingen als Dienst am innergesellschaftlichen wie am internationalen Frieden solchen Personen am besten, die die Gegensätze in sich selbst angenommen, miteinander konfrontiert und zu einem gedanklichen Ausgleich gebracht haben. Immer ist das nicht möglich, aber dann stellt schon die klare Einsicht in die verbleibende Inkohärenz eine wichtige Hilfe dafür dar, sie nicht zu gewaltgebärenden Konflikten werden zu lassen.

Alfred Grosser spricht oft dankbar von den Kontinuitäten in seinem Leben, die es ihm auch vom äußeren Schicksal her erspart haben, durch schmerzliche Brüche zu gehen. Aber ich denke, es handelt sich hier auch um das Ergebnis der inneren Arbeit an der eigenen Identitätsbildung, die er wohl ebenso unternommen hätte, wenn er äußerlich noch härteren Proben ausgesetzt gewesen wäre. Nicht zuletzt handelt er dabei nach den drei Maximen, an denen sich Kant zufolge eine gelungene Urteilskraft ausrichten sollte: *»1. Selbstdenken; 2. An der Stelle jedes andern denken; 3. Jederzeit mit sich selbst einstimmig denken. Die erste ist die Maxime der vorurteilsfreien, die zweite der erweiterten, die dritte der konsequenten Denkungsart.«*[7] Man könnte demnach Grossers *»penser juste«* auch als konsequente Denkungsart übersetzen.

Damit komme ich auf das Spannungsverhältnis zurück, das ich anfangs zwischen der entschiedenen Steuerung von Grossers Diskurs und seiner Liebe zur Freiheit ebenso wie der geforderten Offenheit sokratischen Fragens aufgemacht habe.

Ist Alfred Grosser ein versteckter Autoritärer, ein Dogmatiker, der uns sagen will, wo's lang geht? Nein, er ist ein Optimist, der an den Menschen glaubt, wenn er nur dazu gebracht wird, bei aller Verwurzelung, die er geistig und persönlich braucht, doch immer wieder auf Distanz zu sich selbst zu gehen, sich eben an die Stelle jedes andern zu setzen und damit ganz von allein zu einer universellen Moral vorzudringen. *»Das ständige Bewußtsein des Bewußtseins, die kritische Distanz zu sich selbst machen die Größe des Menschen aus – und bilden die Grundlage der Philosophie. Ich möchte hinzufügen: auch der Moral.«*[8] Solcher universellen Moral dient auch die Erinnerung an unsere schwierigen, schuldbelasteten Vergangenheiten, sie kann aus ihr entspringen, wenn wir der Versuchung widerstehen, uns mit ihnen vorbehaltlos zu identifizieren und sie zur Stärkung unseres Selbstwertgefühls schön zu reden.

Alfred Grosser hat in seinem Leben eine große Zahl wichtigster Ämter versehen, stattliche Ehrungen, Preise und Orden wurden ihm verliehen. Was ihn am meisten ehrt, ist sein eigenes Tun, eben das, was in seiner Sicht die Größe des Menschen ausmacht: die kritische Distanz zu sich selbst, die er in den Dienst von Gerechtigkeit und Verständigung, damit eines dauerhaften, vertrauenswürdigen Friedens stellt. Lieber Alfred, ich gratuliere dir zu diesem wunderbaren Preis! Setz dein Werk fort. Wir brauchen dich noch lange!

---

1 A. Grosser: Mein Deutschland. Hamburg 1993, S. 146
2 ebd., S. 148
3 A. Grosser: Was ich denke. München 1995, S. 43
4 ebd., S. 57
5 A. Grosser: Les identités difficiles. Paris 1996., S. 122 f.
6 A. Grosser: Was ich denke. München 1995, S. 16
7 I. Kant, Werke X. Kritik der Urteilskraft. Hrsg. v. Wilhelm Weischedel. Wiesbaden 1957, S. 390
8 A. Grosser: Mein Deutschland. Hamburg 1993, S. 309

Dabei müssen wir versuchen, sokratisch zu sein, das heißt: den Anderen zu überzeugen, wo er im Widerspruch ist.

Alfred Grosser

Europas Grundwerte
Ansprache anlässlich der Verleihung des Humanismus-Preises des Deutschen Altphilologenverbandes am 5. April 2002 in Dresden

Wie Gesine Schwan, die mich gut behandelt hat, richtig sagte: Ich liebe es, meinem Publikum zu widersprechen. Also nehmen Sie es mir nicht so übel, was ich nachher sagen werde!

Genau genommen, fehlte mir in ihrer Rede nur ein Wort (das freilich einen etwas abfälligen Klang hat): In Heidelberg nahm ich vor zwei Jahren an einer Jaspers-Veranstaltung teil. Jeder sollte sich vorstellen; da gab es einen *Philosophen,* da gab es einen *Philologen* ... Ich wurde gefragt, was ich eigentlich sei, und ich antwortete: »*Moralpädagoge!*«

Das versuche ich zu sein, indem ich unter anderem auf die Werte der Antike zurückgreife. Aber was ist das eigentlich? Werte der Antike – das ist in Deutschland das Anliegen des humanistischen Gymnasiums. Ihm gegenüber steht das Realgymnasium. Soll das heißen, dass das *humanistische* Gymnasium an den *Realitäten* vorbeisieht?

Werte der Antike: Ich bin nicht ganz sicher, ob sie vom Altertum bis heute direkt vermittelt worden sind. Roman Herzog hat mit Recht darauf hingewiesen, in seiner vielleicht schönsten Rede, in seiner Laudatio auf Annemarie Schimmel bei der Verleihung des Friedenspreises im Oktober 1995: *»Erinnern wir uns nur einmal daran, dass es vor sechs- oder siebenhundert Jahren eine große islamische Aufklärung gegeben hat, die dem Westen beträchtliche Teile des antiken Wissens erhalten hat.«*

Auch in dem sehr schönen Film eines Ägypters über Averroës wird diese Übermittlung des Antiken durch die islamische Aufklärung klar herausgearbeitet – ein Zusammenhang, den man unter dem Begriff einer *»Leitkultur von der Antike über den Islam bis heute«* zusammenfassen könnte!

Nur: Die Werte der Antike sind nicht notwendigerweise gleichbedeutend mit Latein und Griechisch. Ich kann nicht wie Roman Herzog sagen: *»Lateinisch und Bayerisch beherrsche ich komplett, Deutsch und Englisch gebrochen.«* Was mich betrifft, so glaube ich Französisch und Deutsch zu beherrschen. Aber Latein und Griechisch?

In Latein bin ich einmal durchgefallen, weil ich in der französisch-lateinischen Übersetzung *»sequit«* geschrieben habe! Aber einen Satz aus Vergils *»Georgica«* kann ich noch auf Latein, weil er in der Epistemologie so wichtig ist: *»Felix qui potuit rerum cognoscere causas.«* Denn ich gehöre eben nicht zu jenen, die wie Karl Marx oder Pierre Bourdieu »wissen«, dass es nur *eine* Ursache für alle Dinge gibt und keine andere. Wer glaubt, es gebe nur *eine* Ursache, ist in meinen Augen dogmatisch und nicht wissenschaftlich, denn alle menschlichen Phänomene haben mehrere, vielfältige Ursachen.

Griechisch kann ich noch weniger; Griechisch habe ich nur zwei Jahre gelernt. Zu einem Besuch von Delphi konnte ich zum Glück meine Frau und meinen Sohn mitnehmen. Meine Frau lernte Griechisch, um das Neue Testament im Original lesen zu können. Mein Sohn wollte bereits mit acht Jahren Griechisch lernen; er hatte schon in der Grundschule ein Exposé über die Pferde in der Ilias verfasst. – Und nun kletterten sie in den Ruinen von Delphi herum, während ich als Teilnehmer einer Tagung arbeiten musste!

Jetzt enttäusche ich Sie vielleicht. Denn ich muss sagen: Für die Logik, für das folgerichtige Denken, hat mir die Mathematik *mehr* geholfen. Wäre ich Kultusminister, so stände ich in der Versuchung, an allen Schulen und Universitäten, von der Sexta bis zur Habilitation, sehr undemokratisch ein Pflichtfach einzuführen: die alte Logik. Denn was mir in der allgemeinen Diskussion am meisten fehlt, ist das logische Denken. Gesine Schwan hat schon darauf hingewiesen, dass man *»jederzeit mit sich selbst einstimmig denken«* soll.

Einmal ist mir Folgendes passiert. Einem Studenten hatte ich zu bedenken gegeben: *»Was Sie eben sagten, steht im Widerspruch zu dem, was Sie vor fünf Minuten gesagt haben.«* Er antwortete: *»Na und?«* Ich muss gestehen, das verschlug mir etwas die Sprache!

Die Werte der Antike sind die Grundlage dessen, was man in Deutschland »Bildung« nennt. Bildung hat für mich zwei Seiten: Einmal ist sie etwas, das vor allem die Eingebildeten beanspruchen. Auf der anderen Seite ist sie etwas, das sehr merkwürdig klingt für diejenigen, die mit ihren Händen arbeiten. – Ist das Bildungsbürgertum, von dem so viel gesprochen wird, wirklich »drin« in der Realität?

Damit bin ich bei etwas, das mir sehr am Herzen liegt: bei einem Wort aus einem der letzten Briefe, die Hans Scholl geschrieben hat, bevor er verhaftet und dann hingerichtet wurde. Er schrieb: *»Ich kann nicht abseits stehen, weil es abseits kein Glück gibt.«* Hier liegt – so meine ich – eine der Schwierigkeiten der deutschen Vergangenheit: dass ein gewisses Bildungsbürgertum im Namen des Abseitsstehens – denn dort ist es bequemer! – abgedankt hat und nicht über seine Bildung hinausblickte!

Aber leider ist dieser Begriff des Bildungsbürgertums in seinem negativen Sinn von den Gegnern des Bildungsbürgertums übernommen worden, im Namen einer Trennung, die es nur in Deutschland gibt: einer Trennung von Geist und Macht. Das finde ich absurd. Als wären Menschen, die an der Macht sind, ungeistig! Und als wären die geistigen Menschen im Begriff, die Wahrheit zu verkünden an diejenigen, die die Macht haben!

Randbemerkung: In Deutschland geht das so weit, dass jeder »Geistbeglückte« über Politiker alles Böse sagen darf, ohne dass die Politiker antworten dürfen. Dem ist z. B. Ludwig Erhard zum Opfer gefallen: Er wird in die Geschichte eingehen als einer, der seine Gegner »Pinscher« genannt hat! Im intellektuellen Leben ist das vielleicht das Einzige, was von ihm bleiben wird! Aber als die Titelseite des SPIEGEL Hände zeigte, die ein Buch von Günter Grass zerrissen, da sprach Klaus Staeck von Goebbels-Methoden – Klaus Staeck, der in seinen Karikaturen Politiker immer einigermaßen verachtend behandelt hatte!

Eine solche Trennung von Macht und Geist gibt es, wie gesagt, nicht überall. Aber überall gibt es das tiefe Bedürfnis nach einem Humanismus, der ganz einfach zu definieren ist: Kardinal Wojtyla, der heutige Papst, definierte den Nächsten einmal folgendermaßen: »*Der Begriff des Nächsten bezieht sich nur auf das Menschsein des Menschen, ein Menschsein, das jedem anderen außer mir zukommt. Der Begriff des Nächsten schafft also die breiteste Grundlage für die Gemeinschaft, eine Grundlage, die weiter reicht als irgendein Anderssein*« (»Person und Tat«, 1981). – Natürlich ist es schwer, das zu leben. Ich glaube aber, diese Einstellung, dass »*jeder andere außer mir*« mein Nächster sei, hat auch außerhalb der Religionen Gültigkeit.

Einmal habe ich unweit von Paris an einer großen Kundgebung für das Bibellesen teilgenommen. Dabei trafen zusammen: ein katholischer Bischof, dazu das Oberhaupt der französischen evangelischen Kirche, ferner ein Großrabbiner und dann noch ich als Ungläubiger, der gerne Bibel liest. In unserem Vorgespräch sagte der Rabbiner: »*Ich habe einen Text aus dem Buch des Propheten Jesaja mitgebracht, über das Fasten; den möchte ich gerne lesen.*« Da sagte der Bischof: »*Den habe ich auch mitgebracht!*« Und ich sagte: »*Den habe ich auch mitgebracht! Wer soll ihn lesen?*« Es war das Kapitel 58 des Jesaja-Buches, wo es heißt, man solle beim Fasten nicht seinen Kopf hängen lassen wie Schilf und in Sack und Asche sich betten: »*Brich dem Hungrigen dein Brot, und die im Elend ohne Obdach sind, führe ins Haus. Wenn du einen nackt siehst, so kleide ihn...*« (Jes. 58,5+7). – Und dann beschlossen wir, dass der Rabbiner den Text vorlesen solle, denn er gehöre ja der Religion an, die am meisten dem Ritual verhaftet ist. Und er hat den Text sehr schön vorgelesen!

Dieses Leitbild, die innere Freiheit zu behalten, um »*jeden anderen außer mir*« als Nächsten aufzufassen, ist nicht immer verwirklicht worden, auch nicht aufseiten der Kirchen. Zum Beispiel: Wie lange hat es gebraucht, bis Christen Nichtchristen als ihre Nächsten betrachteten?!

Eines der furchtbarsten Zitate, die ich kenne, geht auf den Februar 1946 zurück: Kardinal Faulhaber, der nicht einer der schlechtesten war, zeigte sich entsetzt über das, was den Juden geschehen ist. Richtig! Aber er schrieb: »*Der grausame Abtransport war, ohne jede Vorprüfung persönlicher Schuld, einzig auf Grund des Rassegedankens erfolgt, hatte also auch christliche Nichtarier betroffen, die doch durch die Taufe eine neue Kreatur in Christus geworden waren.*« – Das heißt, sie waren dadurch bessere Menschen geworden, die man doch nicht so in den Gasofen hätte werfen sollen!

Aber auch ein Gegenbeispiel möchte ich nennen, das zeigt, wie sich die Kirchen besonnen haben: Pierre Claverie, der Bischof von Oran, im heutigen Algerien, ist 1996 von islamischen Terroristen ermordet worden. Kurz vor seinem Tod hatte er seine Lebensgeschichte veröffentlicht. Er erzählte, dass man ihm während seiner Kindheit als jungem Katholiken in Algier immer gesagt hatte: »*Du sollst deinen Nächsten lieben.*« Aber niemand habe damals hinzugefügt, dass auch jeder *Araber* sein Nächster war!

Heute wissen das die Kirchen. Sie haben erkannt, dass man, um den Anderen als Nächsten betrachten zu können, immer wieder, wie Gesine Schwan vorhin sagte, auf Distanz zu sich selbst gehen muss.

Auch ich will, wie sie, Kant zitieren: »*Was ist Aufklärung? Aufklärung ist der Ausgang des Menschen aus einer selbstverschuldeten Unmündigkeit. Unmündigkeit ist das Unvermögen, sich seines Verstandes ohne Leitung eines anderen zu bedienen. Selbstverschuldet ist diese Unmündigkeit, wenn die Ursache derselben nicht am Mangel des Verstandes liegt, sondern der Entschließung und des Mutes liegt, sich seiner ohne Leitung eines anderen zu bedienen.*« Das heißt also: Man muss sich selbst befreien!

Lässt sich auf diesem Wege die Wahrheit erkennen? *Die* Wahrheit zu erkennen scheint mir unmöglich. Nach meiner Überzeugung gibt es nicht *die* Wahrheit, sondern nur *mehr* Wahrheit. Und ebenso gibt es nicht *die* Gerechtigkeit, sondern nur *mehr* Gerechtigkeit und auch nie eine *vollständige* Freiheit, sondern nur *mehr* Freiheit, als vorher bestanden hat.

Die Frage stellt sich natürlich: Gibt es im heutigen Europa Grundwerte, auf denen dieser Humanismus fußt? Die Einfachheit meiner Antwort wird Sie vielleicht überraschen. Denn die Grundwerte im heutigen Europa, die ich jetzt nenne, kennt fast jeder auswendig: »*liberté, égalité, fraternité – Freiheit, Gleichheit, Brüderlichkeit*« –, die Losung der französischen Republik, und gleichzeitig die Werte Ihrer Nationalhymne, die so wunderbar beginnt: »*Einigkeit und*

Recht und Freiheit«. Freiheit meint politische und geistige Freiheit, aber auch Befreitsein von jeglicher Art von Unterdrückung, auch der durch materielle Not. Gleichheit meint zunächst Gleichberechtigung. Brüderlichkeit entspricht dem heutigen Begriff der Solidarität. Und Einigkeit ist natürlich im Sinne von *concorde*, Eintracht zu verstehen. – Ich kann immer noch nicht verstehen, wieso die Deutschen heute nicht aus vollem Halse ihre Nationalhymne singen!

Worauf aber fußen nun wiederum *diese* europäischen Grundwerte?

Kaum irgendwo ist das besser ausgedrückt als im Grundtext der SPD aus dem Jahre 1954 – und im Wesentlichen steht es dort noch heute: »*In Europa sind Christentum, Humanismus und klassische Philosophie geistige und sittliche Wurzeln sozialistischen Gedankenguts.*«

Das gilt für Europa insgesamt. Wir Europäer haben dieselben Wurzeln! Und in all diesen europäischen Werten, die ich genannt habe, steckt letzten Endes – so meine ich – *ein* Grundgedanke: Vor wenigen Monaten, hier in Dresden, habe ich das zu zeigen versucht, als ich die Ehre hatte, im Untergebäude der Frauenkirche eine Rede zu halten mit dem Thema »*Das Verständnis für das Leiden des Anderen. Grundlage der gemeinsamen Ethik Europas*«.

Dabei möchte ich einen Moment bleiben. Was heißt Würde des leidenden Menschen? Und was bedeutet sie für eine gemeinsame Ethik in Europa? Gerade in Dresden wird die Antwort besonders klar: Dresden ist in meinen Augen diejenige Stadt, die zusammen mit Coventry die schönste Städtepartnerschaft in Europa bildet: *Coventry,* die erste von Hitler zerstörte Stadt – *Dresden,* der Ort des letzten großen Kriegsverbrechens der Alliierten! Unvergesslich ist mir eine Feier hier in Dresden, an der ich teilnehmen durfte, 1998. Im Rahmen der 50. Jahrestagung der Deutschen Gesellschaft für Kinderheilkunde wurde in einer besonderen

Feier an die jüdischen Kollegen erinnert, die man 1933 im Stich gelassen hatte. Als Redner waren zwei Söhne dieser jüdischen Kollegen eingeladen. Der andere außer mir war Paul Oestreicher, ein Mitbegründer von Amnesty International, der an der Kathedrale von Coventry Dekan war und viel dafür getan hat, die Partnerschaft zwischen Dresden und Coventry zu vertiefen.

Diese Veranstaltung galt dem Verständnis für die Leiden des Anderen über Landesgrenzen hinweg. Dieses Verständnis finden Sie auch an der von Gesine Schwan geleiteten Europa-Universität Viadrina; das finden Sie weiter südlich, nicht weit von hier, in der *»Euroregion Neiße«*. Was gerade hier, an der Neiße, das Verständnis des Anderen bedeutet, kann sich die jüngere Generation kaum vorstellen!

Dieses gegenseitige Verständnis brauchen wir in Europa. Aber es gibt Orte, wo das Verständnis für das Leiden der Anderen nicht praktiziert wird. Ich möchte zwei Beispiele nennen. Wer denkt heute noch in Prag, wer denkt noch in der Sudetendeutschen Landsmannschaft an den mutigen Brief, den Václav Havel im Oktober 1989 anlässlich seiner Auszeichnung mit dem Friedenspreis des deutschen Buchhandels an Richard von Weizsäcker geschrieben hat? In diesem Brief erklärte Havel, warum er nicht selbst nach Frankfurt kommen konnte: Die Prager Kommunisten, die ihn oft und lange eingesperrt hatten, wollten ihn nur ausreisen, aber *nicht zurückkehren* lassen! In diesem Brief schrieb Václav Havel etwas, das ihm zu Hause einen Sturm der Entrüstung einbrachte: *»Die Vertreibung ... erschien mir immer als eine zutiefst unmoralische Tat, die nicht nur den Deutschen, sondern in noch größerem Maße den Tschechen selbst Schaden zugefügt hat, und zwar sowohl moralisch wie materiell. Auf Böses wiederum mit neuem Bösen zu antworten, bedeutet, das Böse nicht zu beseitigen, sondern es auszuweiten.«*

Aber auch auf der anderen Seite bringt man kein eigentliches Verständnis für das Leiden des Anderen auf. Und – ich darf diese politische Bemerkung hinzufügen: Einer der Gründe, weshalb es von Seiten der Sudetendeutschen so viele Ansprüche auf Privatgut in Tschechien gibt, ist der enorme Irrtum, der hier bei der Wiedervereinigung unterlaufen ist, als man entschied, Rückerstattung solle vor Entschädigung gehen. Denn diese Überbewertung des Privatbesitzes sprang dann über auf das deutsch-tschechische Problem!

Sehr viel, was heute nicht funktioniert, hat seine Ursache im Unverständnis für das Leiden anderer. Lassen Sie mich hierzu etwas erwähnen, das mich besonders betrübt. Vor kurzem wurde ich in Paris zensiert: Eine jüdische Wochenzeitung hatte mich angerufen und mir mitgeteilt: *»Wir fragen ein Dutzend jüdischer Intellektueller, was man im Nahen Osten tun kann, und erbitten eine Antwort in zwanzig Zeilen.«* Ich antwortete: *»Zunächst einmal definiere ich mich nicht als jüdischen Intellektuellen; aber ich antworte gerne. Sie werden es aber nicht veröffentlichen.«* Das wies man von sich: *»Natürlich werden wir es veröffentlichen!«*

Ich sagte in den zwanzig Zeilen zwei Dinge. Das erste: *»Ich bin als junger Jude verachtet worden; ich kann nicht verstehen, dass Juden Verachtung zeigen für andere.«* Und zweitens: *»Ich kann nicht verstehen, dass Sie es nicht als Ihre Aufgabe betrachten, Scharon und die anderen israelischen Führer anzuflehen, ein bisschen Verständnis zu zeigen für das große Leiden im großen Ghetto von Gaza.«*

Das wurde in der Tat nie veröffentlicht. Das Verständnis für das Leiden anderer fehlt in diesem Konflikt völlig! Deswegen ist es, glaube ich, so wesentlich, dass man zu zeigen versucht, was eigentlich das Leiden des Anderen ist, ja, dass man es ständig zeigt.

In wessen Namen? Damit bin ich bei dem Punkt, den auch Gesine Schwan angesprochen hat: das Verhältnis zwischen Gläubigen und Ungläubigen. In meinem vorigen Buch – Eigenwerbung! – habe ich zu schildern versucht, wie ich als Atheist die Christen sehe (»Les fruits de leur arbre«, Paris 2001). In Deutschland hätte dieses Buch, glaube ich, nicht erscheinen können. Denn das Wort »Atheist« ist in Deutschland verpönt. Aber das ist mein Leben, in völligem Einverständnis mit meinen christlichen Freunden. Seit 50 Jahren bin ich Mitarbeiter der einzigen großen katholischen Tageszeitung in Frankreich. Als mein Buch erschien, schrieb ein Bischof eine Rezension – in brüderlicher Verbundenheit mit dem atheistischen Mitarbeiter. In Deutschland wäre das, wie gesagt, schwieriger.

Freilich gibt es auch in Deutschland ermutigende Beispiele dieser Zusammenarbeit. Hier möchte ich den Erzbischof von Berlin, Kardinal Sterzinsky, nennen. Er hat vor kurzem gesagt, er könne das C in der CDU nicht mehr anerkennen, weil die Partei in der Einwanderungsfrage eher von *deutschen* Menschen als von Menschen *schlechthin* sprach, was christlicher wäre. Ich glaube, dass hier das Christentum ernst genommen wird. Mehr als wenn ein anderer Kardinal in Köln sagt, dass, wenn die chemische Industrie die Pille für den Tag danach fabriziere, das ungefähr so sei, als produziere sie Zyklon B. Darauf antwortete ich im Fernsehen, dass ich mich geohrfeigt fühle. Denn wenn der Teil meiner Familie, der in Auschwitz umgekommen ist, nicht mehr war als ein vielleicht unbefruchtetes Ei, dann finde ich das furchtbar.

Der leidende Mensch als Mittelpunkt der Ethik: Hier treffen sich die christliche und die humanistische Entwicklung; hier entsteht eine Gemeinsamkeit der Werte. Deshalb meine ich: Eine Zusammenarbeit zwischen Gläubigen und Ungläubigen aufgrund derselben Werte ist möglich und erwünscht!

Aber gerade das wird von beiden deutschen Kirchen leider immer noch verneint. Im Oktober 1997 veröffentlichte der Rat der EKD eine Erklärung mit dem Titel »*Christentum und politische Kultur*«. Darin wird zunächst die historisch erstaunliche Behauptung aufgestellt, es bestehe ein »*sowohl geschichtlicher wie sachlicher Zusammenhang zwischen Christentum und demokratischem Rechtsstaat*«. Ich habe geantwortet: »*Ich weiß nicht, ob ich lachen oder weinen soll.*« Ich erinnerte an die schöne Erklärung von Treysa, die die neu erstandene EKD 1945 verabschiedet hatte: »*Ein schlecht verstandenes Luthertum hat uns glauben lassen, wir hätten dem Staat gegenüber eine einzige Verantwortung, nämlich ihm zu gehorchen, der Christenheit Gehorsam zu predigen ...*« Hat nicht der Protestantismus 400 Jahre lang dem Obrigkeitsstaat gehuldigt? Und hat nicht auch die katholische Kirche jahrhundertelang die Verbindung von Thron und Altar gerühmt? Der erste Papst, der die Demokratie gelobt hat, war Pius XII., im September 1944.

In der erwähnten EKD-Erklärung wird auch die Ansicht vertreten, dass Religionsunterricht für die Vermittlung »christlich-abendländischer« Werte notwendig sei. Und auch in zahlreichen anderen Texten, von Theologen und Politikern, wird diesem Unterricht die ausschließliche moralische Bildung zugesprochen. Soll damit gesagt sein, man könne nicht moralisch sein, wenn man keinen religiösen Unterricht genossen habe? Was soll das für drei Viertel der ehemaligen DDR-Bürger und ihre Kinder bedeuten? Gilt es wirklich, sie zu bekehren, bevor man ihnen ethische Moralvorstellungen zusprechen kann? Hier haben die Kirchen, denke ich, einen großen Nachholbedarf. Ich fühle mich nicht verpflichtet, mich zu entschuldigen, dass ich keiner Kirche angehöre und keinen religiösen Glauben habe.

Die Gemeinsamkeit der Werte von Gläubigen und Ungläubigen ist nirgends besser zum Ausdruck gekommen als in Polen. In der Präambel der neuen polnischen Verfassung vom Mai 1997 heißt es: »*... wir, das polnische Volk – alle*

Bürger der Republik, sowohl diejenigen, die an Gott als Quelle der Wahrheit, Gerechtigkeit, des Guten und Schönen glauben, als auch diejenigen, die diesen Glauben nicht teilen und diese universalen Werte aus anderen Quellen ableiten ...«

Diese universalen Werte, welche sind die nun?
Aus meiner Sicht sind es drei:
  – das Verstehen für das Leiden anderer,
  – die Distanz zu sich selbst und
  – das, was man bis jetzt Toleranz nannte.

Ich sage »*das, was man bis jetzt ›Toleranz‹ nannte*«, weil ich das Wort »Toleranz«, mit dem ich groß geworden bin, bald nicht mehr hören kann. Denn in der deutschen und in der französischen Gesellschaft hat »Toleranz« eine neue Bedeutung gewonnen: »*Ich bin tolerant, wenn mir egal ist, was du tust, vorausgesetzt, dir ist egal, was ich tue.*« Das ist keine Toleranz, das ist Abdankung. Und jeder Vater, jede Mutter, jeder Lehrer, der sagt: »*Ich lass' sie gewähren, ich bin doch tolerant*«, der ist nicht tolerant; der dankt ab in seiner Funktion als Erzieher.

Toleranz zu üben und doch nicht den Weg des bequemen Gewährenlassens zu gehen ist oft schwierig. Aber wir sollten das immer versuchen, auf allen Gebieten, und besonders auf internationaler Ebene. Der 11. September 2001 hat dem Missbrauch des Wortes »Terrorismus« neue Türen geöffnet. Zum Beispiel dürfen Putin und Scharon jetzt sagen: »*Die, die wir bekämpfen, sind Terroristen, also darf ich gegen sie vorgehen.*« An solchen Verallgemeinerungen leidet die internationale Diskussion. Das gilt für Tschetschenien, das gilt für Tibet, das gilt für etliche Länder.

Hier dürfen wir nicht wegschauen. Das Recht, frei zu denken, zu sprechen, zu schreiben, ist ein weltweiter Wert. Roman Herzog sagt: »*Wer mit Tod und Folter bedroht wird, dem stehen wir zur Seite.«* Dies ist letzten Endes unsere Aufgabe – und das ändert nichts an unserer Pflicht, uns um ein nuanciertes Urteil zu bemühen.

Wenn wir das im Namen der Werte der Antike nicht tun, dann üben wir Verrat an den Werten der Antike. Dabei müssen wir versuchen, sokratisch zu sein, das heißt: den Anderen zu überzeugen, wo er im Widerspruch ist. Denn was tut Sokrates anderes: *Du sagst das, also willst du dieses und nicht jenes. Ach ja, das willst du nicht? Also kehren wir zum Anfang zurück, um zu prüfen, ob die Ausgangsbehauptung Bestand hat.* – Wenn wir diese Arbeit nicht wahrnehmen, dann verraten wir das, was wir lehren!

In einem Interview von Richard von Weizsäcker (1994) fand ich ein schönes Zitat aus dem Talmud; damit schließe ich: *»Es ist nicht möglich, das Werk zu vollenden. Es ist nicht erlaubt, das Werk zu verlassen.«*

Es gibt einen Zusammenhang... von Freiheit, Wahrheit, Vernunft und Verantwortung. Wir müssen ihn erinnern, um das Neue zu schaffen, das Europa werden soll.

Richard Schröder

Europa, was ist das?

Lassen Sie mich mit einer persönlichen Reminiszenz beginnen. Mit vierzehn Jahren wurde mir wie vielen anderen, die aus christlich geprägten Elternhäusern stammten, aus ideologischen Gründen der Zugang zur Oberschule verwehrt. Manche haben daraufhin der DDR den Rücken gekehrt, was in diesem Alter oft hart war. Für diejenigen, die einen kirchlichen Beruf anstrebten, unterhielt die Evangelische Kirche drei Schulen, Geheimgymnasien sozusagen. Sie waren vom Staat nicht anerkannt, aber geduldet. Eine davon, die »Vorschule für kirchlichen Dienst« nebenan in Moritzburg, habe ich besucht. Vier Jahre Latein, drei Griechisch. Wir haben Auszüge aus Xenophons »Anabasis« und die »Apologie« des Sokrates übersetzt und einen Geschichtsunterricht erlebt, der auch die Antike und das Mittelalter ernst genommen hat. Ich habe dann an zwei kirchlichen Hochschulen in Naumburg und Berlin studiert, also einen völlig staatsfreien – und das hieß: unzensierten – Bildungsgang genossen und bin der Evangelischen Kirche dankbar dafür. Gegenüber den totalitären Zumutungen der atheistischen Partei war für uns Christen der Satz aus der Apostelgeschichte ein Halt: »*Man muß Gott mehr gehorchen als den Menschen.*« In seiner Apologie sagt Sokrates: »*Wenn ihr mich laufen laßt unter der Bedingung, daß ich aufhöre, der Weisung des delphischen Gottes folgend nach Weisheit zu suchen und Ansprüche zu prüfen, werde ich euch antworten: ›Ich grüße euch und schätze euch, ihr Athener, gehorchen aber werde ich mehr dem Gott als euch.‹«* Das sokratisch-platonische Vernunftsverständnis hat ethische Implikationen: λόγον διδόναι, Rechenschaft ablegen. Den Streit um das Recht des Stärkeren beschließt Sokrates im »Gorgias« mit dem Mythos vom Totengericht. *Das magst du leicht als ein Märchen verachten*, sagt Sokrates, *wenn wir nur irgendwie suchend etwas Besseres und Wahreres finden könnten* (Gorg. 527a) als die Pointe dieses Mythos: so leben, daß du die Rechenschaft vor einer unbetrügbaren Instanz nicht zu fürchten brauchst. Diese bei allen Unterschieden eigentümliche Nähe zwischen Jesus und Sokrates hat schon die antike christliche Kirche bemerkt und gewürdigt. In der hellenistischen Welt stand das Christentum ja mit seinem »Monotheismus«, seiner Kultfreiheit – die Kirchenarchitektur knüpfte an die Basilika an, nicht an den Tempel – und ethischen Orientierung wie das synagogale Judentum den Philosophenschulen näher als den hellenistischen Religionen.

Und nebenan Dresden, zwar von der sächsischen Landeshauptstadt zur Bezirksstadt degradiert, aber im Bewußtsein der eingesessenen Dresdner immer noch Residenzstadt, und das war vor allem ein kultureller Anspruch: Konzert, Theater, Gemäldegalerie, nicht zu vergessen der Kreuzchor. Eine deutsche Residenzstadt, die die europäische Kultur präsentiert – wie übrigens alle deutschen Residenzen und Residenzlein. Es sind die europäischen Baustile, die diese Stadt prägen und es sind die Großen der europäischen Malerei, die die Gemäldegalerien zeigen. Es war eine gute Idee, auf den Euro-Banknoten die europäischen Baustile darzustellen. Denn sie sind etwas unstrittig Gemeinsames der Europäer.

In den Dresdener Antiquariaten wurden damals griechische und lateinische Schulausgaben verramscht, wir konnten uns da billig eindecken, denn die Nachlässe der Altphilologen fanden kaum Interesse, nachdem das humanistische Gymnasium abgeschafft worden war. Nur an wenigen Schulen, der Kreuzschule etwa, wurde noch Griechisch unterrichtet.

Es war eine merkwürdige Situation, die wir in dieser kirchlichen Schule erlebten: einerseits diskriminiert und fast versteckt, aber andererseits eröffneten sich uns die kulturellen Quellen, die in Dresden hinter den sozialistischen Losungen und Plakaten präsent waren. Ohne Kenntnis der Bibel und der Antike war ja die Bilderwelt der Gemäldegalerie weithin unverständlich. Wir hatten Zugang zum kulturellen Code Dresdens. Unser Bildungsinteresse übrigens war nicht im sozialen Aufstieg begründet, schon gar nicht in der Aussicht auf ein gutes Einkommen, sondern im Orientierungswillen: sich nicht betrügen und verführen lassen.

Man kann die beiden Fragen nach der deutschen Identität und nach der europäischen Identität stundenlang kontrovers und aporetisch diskutieren, man kann ein Entweder-Oder konstruieren oder auch leugnen, daß es dergleichen überhaupt gebe. Man kann sich aber auch daran erinnern, daß eine unverkrampfte Antwort auf diese beiden Fragen in der Präsenz unserer kulturellen Zeugnisse, wie sie etwa Dresden präsentiert, implizit eingetragen ist. Ehe der Nationalismus, der nationalsozialistische Narzißmus und der totalitäre Sozialismus die Horizonte vernagelt haben, war das deutsche Nationalbewußtsein zumeist unverkrampft deutsch und europäisch und hier vor Ort außerdem sächsisch.

Ich will nun versuchen, die eine der beiden Fragen: Europa, was ist das? explizit zu behandeln.

»Europa«
Fünf Epochen europäischer Selbstdefinitionen

Europa, so haben wir gelernt, sei ein Erdteil. Geographisch ist das nicht überzeugend, denn es wird definiert als der westliche Teil der eurasischen Landmasse. Und die östliche Grenze, der Ural, ist eher eine Konvention als ein erdteilendes Datum.

Die Etymologie liegt im Dunkeln. Jedenfalls stammt das Wort aus dem Osten des mediterranen Raums. Hekataios (6. Jh. v. Chr.) kennt in seiner Erdbeschreibung nur zwei Erdteile, Europa und Asien. Die Grenze ist das ägäische Meer, das Marmarameer, das Schwarze Meer, der Don.

Aber mindestens seit Herodot ist Europa ein *Kulturbegriff*. Und so bleibt es. Wo Europa mehr ist als ein Name auf Landkarten, ist es ein Kulturbegriff. Er hat seinen Ort in der Selbstidentifikation und *Selbstdefinition* derer, die sich Europäer nennen. Zur Selbstdefinition gehört immer auch die Abgrenzung gegen anderes, und zwar tatsächlich immer, also unvermeidlich, weil niemand und auch kein Volk alles nur Mögliche zugleich oder nacheinander sein kann. Es macht allerdings einen Unterschied, ob die Abgrenzung der blinden Selbstüberhebung dient oder gar die Selbstdefinition über einen Erbfeind vollzieht – oder ob sie das Eigentümliche kennt und pflegt, nicht als etwas ganz Besonderes, aber doch als etwas Bestimmtes, und ob sie das Anderssein anderer gelassen erträgt, lateinisch *tolerare*.

Lassen Sie mich an fünf Epochen europäischer Selbstidentifikation erinnern.

1. Für *Herodot* also sind Europa und Asien nicht nur zwei Erdteile, sondern zugleich zwei Welten. Asien, das ist das Perserreich, gigantisch in seiner Ausdehnung, seinen menschlichen und technischen Ressourcen und seinen Orga-

nisationspotentialen. Xerxes baut eine Schiffsbrücke über den Hellespont und läßt eine Menschenkette bis nach Susa auf Rufweite aufstellen, um seine Siege zu melden. Trotzdem nennen die Griechen sie Barbaren, weil sie nicht frei sind. Die Perser sind nicht Bürger (πολῖται), sondern Untertanen. Und daß dieses kleine, aber freie Volk den Angriff des asiatischen Riesen abgewehrt hat, hat sich ins europäische Gedächtnis eingeprägt. Das griechische Wort für Freiheit, ἐλευθερία, hat in den vorderasiatischen Sprachen kein Äquivalent.

Das zuerst bei Herodot auftretende Motiv »Europa kontra Asien« durchzieht die Geschichte Europas. Es hat einen simplen geographischen Grund: Europa ist nach Osten offen. Der Hunnensturm, der Mongolensturm, die Türken vor Wien, das alles bestätigte und verfestigte das Motiv der asiatischen Gefahr, das die Nazis für ihren Überfall auf die Sowjetunion mißbrauchen konnten und das auch im Kalten Krieg eine Rolle gespielt hat.

Als selbstdefinierender Kulturbegriff konnte »Europa« nur dann fungieren, wenn das geographische Moment auch zum kulturell-politischen Kontext paßte. Das war schon mit Alexander dem Großen nicht mehr der Fall. Sein Reich umfaßte drei Erdteile. Auch im Selbstverständnis des Imperium Romanum konnte Europa deshalb keine Identifikationsrolle spielen.

2. So taucht Europa als Identifikationsbegriff erst nach dem Ende des weströmischen Reichs wieder auf. In der Abwehr der Araber bei Tours und Poitiers 732 nennen sich Karl Martells Männer »Europäer«. Und *Karl der Große* wird gelegentlich *Pater Europae* genannt. Mit seiner Kaiserkrönung aber setzt er sich selbst in die Tradition des Imperium Romanum. Von *translatio* und *renovatio imperii* ist die Rede. Dadurch kommt es zu zwei wichtigen Verschiebungen.

Politisch hat dieses Europa sein Zentrum im nordalpinen Raum. Aber sowohl die politische Legitimation als auch die kulturelle Prägung als auch die religiöse Autorität, der Papst, bleiben römisch. Die Wurzeln des Christentums liegen gar in Jerusalem. Die Folgen dieser Konstellation sind kaum zu überschätzen. Weder hat eine erobernde Macht ihre Kultur den Unterworfenen aufgezwungen, noch haben sich Eroberer einer überlegenen Kultur assimiliert. Die Kultur der christlichen Antike, zunächst nur in Resten präsent, wurde in Freiheit erworben. Europa wurde ein Kontinent lernender Völker. Und die andere Neuerung: Dieses Europa, genauer Westeuropa, grenzt sich nicht mehr primär von Asien ab, das ist allzu fern, sondern von Ostrom, Byzanz, allerdings nicht als die große Gefahr oder der Erbfeind, sondern mit dem Anspruch der Gleichberechtigung, die dann durch die Eheschließung Ottos II. mit Theophano besiegelt zu sein schien. Im Fortgang des Mittelalters verliert aber das Wort Europa seine Identifikationsfunktion. Das romanisch-germanisch-westslawisch-ungarische Europa nennt sich Corpus Christianum, die Christenheit.

3. Erst in der *Aufklärung* wird Europa wieder Identifikationsbegriff, diesmal aber nicht als Abgrenzung nach außen – auf allen Weltmeeren fahren Europas Schiffe – sondern als Überbrückung der tiefen Gräben, die die verheerenden Konfessionskriege gerissen hatten. Die in dem Wort Aufklärung steckende Lichtmetapher »Sonnenaufgang« wird kontrastiert mit der Finsternis nicht anderer Erdteile (dann würde ja zu Europa der Sonnenuntergang gehören: »Abendland«), sondern mit der Finsternis dunkler Zeiten des Aberglaubens. Das Vernunftsrecht, die Vernunftsmoral, die vernünftige Religion sollen die Zerstrittenen einen, vernünftig geordnete Verhältnisse den Wohlstand mehren. Dieses Europa der Vernunft ist endlich erwachsen, mündig geworden oder

lateinisch: emanzipiert. Es blickt sich um und sieht, so Schiller in seiner Jenaer Antrittsvorlesung, in den Völkerschaften anderer Kontinente die Stadien der eigenen Kindheit und Jugend, die es selbst hinter sich gelassen hat, anschaulich versammelt. Der Fortschrittsgedanke, dem die Geschichtsphilosophie Ausdruck verleiht, begründete eine kulturelle Überlegenheit Europas, die, wie wir wissen, der Nährboden wurde für einen imperialen Anspruch Europas, der den Kolonialismus begründete.

4. Ein ganz anderes Europabewußtsein entwickelt *die deutsche Romantik*. Friedrich Novalis, Die Christenheit oder Europa (1799), bricht einerseits mit dem aufklärerischen Vorurteil, das Mittelalter sei vor allem die finstere Zeit gewesen, um dagegen eine Verherrlichung des Mittelalters zu setzen. Dadurch wird das Mittelalter wiederentdeckt. Statt dessen wird nun die Gegenwart, Reformation und Aufklärung, zur finsteren Zeit des *»Stubenverstandes«* erklärt, der *»Fantasie und Gefühl, Sittlichkeit und Kunstliebe, Zukunft und Vorzeit«* verketzert, *»den Menschen in der Reihe der Naturwesen mit Noth oben an«* setzt und das Weltall als *»eine sich selbst mahlende Mühle«* begreift, *»eine Mühle an sich, ohne Baumeister und Müller«*. Aber die Zeit dieses finsteren »Mittelalters« sei abgelaufen. Novalis erwartet die Auferstehung Europas. *»Nur die Religion kann Europa wieder aufwecken und die Völker sichern, und die Christenheit mit neuer Herrlichkeit sichtbar auf Erden in ihr altes friedenstiftendes Amt installiren.«* *»Keiner wird dann mehr protestiren gegen christlichen und weltlichen Zwang, denn das Wesen der Kirche wird ächte Freiheit seyn, und alle nöthigen Reformen werden unter der Leitung derselben, als friedliche und förmliche Staatsprozesse, betrieben werden.«* *»Die andern Welttheile warten auf Europas Versöhnung und Auferstehung, um sich anzuschließen und Mitbürger des*

Himmelreichs zu werden.« Auf ähnliche Weise hat Friedrich Schlegel das *»christliche Abendland«* beschworen. Beide beschreiben die Moderne als Verfallsgeschichte. Europa muß erst wieder werden, was es einmal war: christlich. Das verbindet sich mit dem Topos *»christliches Abendland«*, der namentlich in der katholischen Publizistik seitdem eine Rolle spielt.

Am Rande vermerke ich, wie ähnlich die romantische Zukunftserwartung des Novalis der Marxschen Zukunftserwartung ist. Gemeinsam ist beiden die spiritualistische Anthropologie des eindeutig und allseitig werdenden Menschen in einem Himmelreich auf Erden. Joachim von Fiore läßt grüßen.

5. »Europa« *nach dem Zweiten Weltkrieg.* Im Zuge der westeuropäischen Einigung ist Europa noch einmal ein Kulturbegriff, mit dem Unterschied, daß die Selbstidentifikation nun eine Aufgabe ist, die einen realen Vereinigungsprozeß begleiten soll. Was verband diese Europäer, die in Wahrheit bis 1989 die West-, Süd- und Nordeuropäer waren? Bei den einen spielte das Herodotmotiv, Gefahr aus dem Osten, eine wichtige Rolle, bei anderen das romantische Motiv vom christlichen Abendland. In den politischen Gestaltungsprozessen selbst aber hat sich die Aufklärungstradition durchgesetzt. Die Staaten, die sich in den europäischen und atlantischen Vereinigungen zusammengeschlossen haben, verlangen von einander die Anerkennung der Menschenrechte, des Rechtsstaats, der Demokratie und der wettbewerbsorientierten, aber antimonopolistischen Marktwirtschaft.

Seit 1989 aber hat sich die Situation grundlegend verändert. Es gibt keine »Gefahr aus dem Osten« mehr. Die mittelosteuropäischen und osteuropäischen Länder streben selbst in die atlantischen und europäischen Vereinigungen.

Sie wollen ordnungspolitisch westeuropäisch sein. Die Selbstdefinition der Europäer muß wieder einen Graben überwinden, den ein zum Glück bloß kalter Krieg gerissen hatte. Was aber verbindet uns darüber hinaus als Europäer? Die Frage ist offen und vielen in den ehemals sozialistischen Ländern noch gar nicht hörbar. Was da nach dem Ende der ideologischen Indoktrination hervorkommt, ist oft ein Ethnizismus und Nationalismus, der beängstigt. Und die von den Kommunisten gepflegte Dekadenztheorie der westlichen Welt erweist ihre Ähnlichkeit mit romantischer Nostalgie darin, daß sich Altkommunisten und Nationalisten nicht selten die Hand reichen, weil sie das antimoderne Ressentiment verbindet. Und bei orthodoxen Kirchen spielt die Wiederkehr eines Bündnisses, zwar nicht von Thron und Altar, jedoch von Nation und Altar eine oft unrühmliche Rolle.

Aber auch in den westlichen Ländern ist in einem tieferen Sinne unklar, was Europäer verbindet. Gibt es einen bleibend gültigen Bezug auf europäische Traditionen – und auf welche? Gemessen an christlich geprägter Lebenspraxis ist auch Westeuropa nicht »christlich«, wenn auch die Kirchen ein größeres öffentliches Gewicht besitzen als in vielen ehemals sozialistischen Ländern, allerdings mit dem Unterschied, daß in den ehemals sozialistischen Ländern ein praktischer Atheismus dominiert, dem mit dem Christentum die Dimension der Religiosität im ganzen unendlich fern gerückt ist, während im Westen ein gewaltiger Esoterikmarkt zum unverbindlichen Experimentieren mit exotischer Religiosität einlädt.

Was also ist das spezifisch Europäische?

Das spezifisch Europäische

Eine nach wie vor imponierende Aufzählung des spezifisch Europäischen hat Max Weber in der Vorbemerkung zu den Gesammelten Aufsätzen zur Religionssoziologie I (1920) geliefert, und zwar nach dem Kriterium universeller Bedeutung und Gültigkeit.
Ich nenne und ergänze seine entscheidenden Punkte:

1. *»Nur im Okzident gibt es ›Wissenschaft‹ in dem Entwicklungsstadium, welches wir heute als ›gültig‹ anerkennen«*, nämlich mathematisch fundiert, rational beweisend und methodisch experimentierend. Einzelne Elemente gibt es hier und da, nirgends aber diese Konstellation. Namentlich gibt es nirgends sonst eine rationale Chemie, von der Atomphysik ganz zu schweigen.

2. Geschichtsschreibung: *»Der hochentwickelten chinesischen Geschichtsschreibung fehlt das thukydideische Pragma.«* Das heißt, Annalen, Jahrbücher, zum Ruhme der Dynastie, gibt es vielerorts, nicht aber die Fragestellung des Thukydides: Wie kam es zum Peloponnesischen Krieg, wie verlief er, und was war das Resultat? Übrigens bietet das Alte Testament erstaunliche Beispiele kritischer Geschichtsschreibung, besonders die für David wenig rühmliche Geschichte seiner Thronfolge. Die Nachwirkungen der alttestamentlichen Königskritik für die Entsakralisierung von Herrschaft sind kaum zu überschätzen.

3. Aller *»asiatischen Staatslehre fehlt eine der aristotelischen gleichartige Systematik und die rationalen Begriffe überhaupt«*. Das heißt, die politische Theorie des Aristoteles bietet Alternativen und beschreibt Vor- und Nachteile verschiedener Staatsformen, statt die eine richtige hymnisch zu

loben. Möglich war das, weil Griechenland selbst ein riesiges politisches Experimentierfeld war und die griechischen Kolonien, wie Nordamerika, die Neuschöpfung politischer Ordnungen ermöglichte. Dort und nicht im Mutterland entstand die Philosophie. Die französische Erklärung der Rechte des Menschen und Bürgers war nach demselben Muster ein Reimport aus den USA. Denn auf Rousseau, den Heiligen der Französischen Revolution, konnten sie sich nicht berufen.

4. Das römische und das kanonische Recht sind mit ihrer Ausprägung der »*streng juristischen Schemata und Denkformen*« eine okzidentale Singularität. Dies ist die große römische Kulturleistung, die über die der Griechen hinausgeht: die Rechtswissenschaft, von Fachjuristen gepflegt. Im Judentum und im Islam spielt das Recht ebenfalls eine große Rolle, aber als religiöses Recht, für das auch im Alltag die religiösen Amtsträger zuständig sind. Für das römische Recht ist dagegen charakteristisch, daß es zwischen dem Jus Romanum und dem Jus gentium unterscheidet. Das letztere ist nicht das Völkerrecht, sondern das bei den (Mittelmeer-)Völkern übliche Recht, das auch in Rom praktiziert wird, zunächst für ansässige Ausländer, dann, der einfacheren Praktikabilität wegen, allgemein. Und dadurch hat das römische Recht seine hohe Verallgemeinerungsfähigkeit gewonnen. Bis zur Einführung des BGB Anfang des 20. Jahrhunderts war es in Deutschland geltendes Recht.

5. Zur Kunst: Nur die europäische Musik hat Kontrapunktik, Akkordharmonik, die Orchesterorganisation und eine Notation, die Komponieren im großen Stil ermöglicht. Das gotische Gewölbe als Mittel der Schubverteilung und zur Überwölbung beliebiger Räume ist eine europäische Singularität. Die byzantinische und die islamische Architektur

bleiben auf dem römischen Stand: Tonnengewölbe und Kuppel über dem Achteck. Schließlich: Linear- und Luftperspektive in der Malerei haben keine Parallele. Für die bildenden Künste hat sich förderlich ausgewirkt, daß weder, wie im Islam, das Bilderverbot die Kunst aufs Ornamentale verweist, noch wie in Ostrom die religiöse Plastik untersagt und die Ikonographie hochgradig reglementiert ist. Die profane Landschaftsmalerei entwickelt sich aus dem Hintergrund religiöser Bilder.

6. Die Universität als rationaler und systematischer Fachbetrieb der Wissenschaft und das daraus resultierende »*Fachmenschentum*«. Ich füge hinzu: Diese Schöpfung des Hochmittelalters ist einerseits dadurch ausgezeichnet, daß ihr durch ihre rechtliche Form eine beachtliche Unabhängigkeit, zumal von den Lokalgewalten, zukam, bis hin zur eigenen Gerichtsbarkeit für ihre Mitglieder, die »Gesamtheit der Lehrenden und Lernenden«. Und diese Universitäten sind international europäisch. Bologna, Paris und Oxford, die ältesten, erkennen ihre Titel wechselseitig an und stehen im Austausch von Ideen und Personen. In Paris sind einige Lehrstühle Nicht-Franzosen vorbehalten. Das Latein macht's möglich. Nach und nach gewinnen aber auch die europäischen Volkssprachen Wissenschaftsfähigkeit, zuerst die romanischen.

7. Der Fachbeamte als Träger der wichtigsten Alltagsfunktionen des sozialen Lebens. Das beruht auf dem römischen Gedanken des Amtes *(ministerium)*.

8. Der Staat im Sinne einer politischen Anstalt, mit rational gesatzter Verfassung und schließlich:

9. Der Kapitalismus als »*der auf Erwartung von Gewinn durch Ausnützung von Tausch-Chancen*«, also auf formell

friedlichen Erwerbschancen ruhende, durch Organisation von formell freier Arbeit und auf der Grundlage von Kapitalrechnung in Geld sich vollziehende Wirtschaftsakt, dem die Trennung von Haushalt und Betrieb zugrunde liegt.

10. Und dann eben auch der rationale Sozialismus. Da der Begriff des Bürgers überall außer im Okzident und der der Bourgeoisie überall außer im modernen Okzident fehlt, konnte auch hier nur der Begriff der Klasse und damit der des Proletariats gebildet werden. Inzwischen gibt es in den europäischen Ländern kein Proletariat mehr als Klasse. Das ist aber selbst eine Folge – nicht des Marxismus-Leninismus, sondern der Überzeugung, daß Sozialpolitik unverzichtbar ist.

Webers Aufzählung ist deutlich genug eine Hinführung zum ersten Aufsatz des Bandes, »Die protestantische Ethik und der Geist des Kapitalismus«. Das einigende Band dieser Aufzählung ist für Max Weber die Rationalität, unter Einschluß dessen, was dann für ihn zum Geist des Kapitalismus so viel beigetragen hat: rationale Lebensführung. Webers Rationalitätsbegriff, *Zweckrationalität* nämlich, ist ein eigenes Thema, das hier ausgeklammert wird.

Man kann mit guten Gründen im spezifisch Europäischen auch einen anderen roten Faden finden. Ich füge Max Webers Aufzählung europäischer Singularitäten fünf weitere hinzu.

11. In Ergänzung zu Webers erstem Punkt »Wissenschaft«:
a) Den Griechen verdanken wir die Entdeckung der Theorie oder die theoretische Einstellung, nämlich eine neue Art und Weise, die Frage »warum?« zu stellen: wahrheitsorientiert und nicht praxisorientiert. Das läßt sich an zwei Beispielen gut illustrieren. Ägyptische Baumeister hatten bereits entdeckt, daß ein Faden, in drei, vier und fünf Ein-

heiten geteilt und zum Dreieck formiert, immer einen rechten Winkel ergibt. Die Babylonier hatten denselben Trick im Bereich zweistelliger Zahlen entdeckt. Warum das so ist, hat sie nicht interessiert. Know how, gewußt wie, genügte. Die Griechen haben dergleichen nicht entdeckt, aber die neue Frage gestellt, warum das so ist, und den Satz des Pythagoras entdeckt. Die griechische Mathematik, die in Euklids Elementen ihre Summa gefunden hat, ist allein aus solchen Fragen entstanden und nicht aus praktischen Bedürfnissen. Sie hat die dialektische Methode und die Idee einer axiomatischen Wissenschaft hervorgebracht. Als Archimedes für die delphische Aufgabe der Verdopplung des Würfels eine pragmatische Lösung vorführte, wurde das als schwerer Verstoß gegen die Spielregeln der Mathematik getadelt.

Das andere Beispiel: Die Babylonier konnten ziemlich genau Mond- und Sonnenfinsternisse voraussagen. Die Griechen konnten das nicht. Sie aber fragen, warum sich Sonne und Mond verfinstern, und erklären dies mit dem Erd- bzw. Mondschatten. Die Babylonier haben so nicht gefragt, weil sie eine Antwort hatten: die des Mythos, wo Gott verschwindet. Obwohl die griechische Philosophie außer der Epikurs kosmotheologisch bleibt, vollzieht sie eine Entmythologisierung, die rationale, wenn auch nicht mathematische Naturwissenschaft ermöglicht hat.

b) Nur im neuzeitlichen Europa ist eine *Technik* entstanden, die auf Wissenschaft basiert, oder eine technisch anwendbare Wissenschaft. Begründet wird sie bei Bacon mit dem menschlichen Weltherrschaftsmandat. Technische Meisterleistungen gibt es auch in anderen Kulturkreisen. Sie beruhen auf Probieren, Erfahrungssammlung und Erfindergeist, wie etwa Wind- und Wassermühlen. Die Dampfmaschine, den Elektromotor, den Atomreaktor dagegen konnte man nicht durch Probieren finden. Sie sind der Theorie entsprungen, nämlich der experimentierenden mathematischen Naturwissenschaft, die die Antike mit Ausnahme der »angewandten Mathematik« in Astronomie, Musik und Optik nicht kannte. Die Verbindung von Wissenschaft und Technik wiederum ist der entscheidende Motor für eine singuläre Entfaltung der Wirtschaft geworden, die zum entscheidenden Motor des sozialen Wandels in Europa geworden ist.

12. *Nationen* sind etwas spezifisch Europäisches. Politisch wirksam treten sie wohl zuerst im Konstanzer Konzil hervor, das sich nach *nationes* organisiert hat, um die Mißstände der Christenheit, namentlich das päpstliche Schisma, zu beenden. Zuvor ist der Terminus *nationes* an den Universitäten zu Hause für die landsmannschaftlich gegliederten Studentenheime der ansonsten lateinischen, d.h. internationalen Universität. Es ist gerade nicht die Einheit, sondern die Einheit der Vielfalt, die Europa charakterisiert. Die Kaiserdarstellung in der Bamberger Apokalypse zeigt den Kaiser (Otto III.), neben ihm Petrus und Paulus und vor ihm vier weibliche Gestalten, die als Gallia, Italia, Germania und Sklavinia ausgewiesen sind. Sie stehen, geordnet nach der Ancienität, nebeneinander. Es hat nie ein zentralistisches europäisches Großreich gegeben noch je eine Theokratie. Die politische Polymorphie hat noch weitere Gestalten wie die feudale Herrschaft neben der Stadt, die Reichsunmittelbarkeit, die Konföderation wie die Hanse oder die Schweiz. Diese Polymorphie war die Voraussetzung für partielle Autonomie und in gewissen Grenzen für eine sozusagen nichtintendierte Toleranz. Gewaltenteilung, nämlich Machtbegrenzung, gab es in Europa lange, bevor sie Programm wurde. Weder die Reformation noch die Aufklärung wären ohne sie wirksam geworden.

Die europäische Geschichte ist eine Geschichte der *Renaissancen, Reformationen und Revolutionen.* Darin liegt zweierlei: einmal der Rückbezug auf die grundlegenden Traditionen, kurz Jerusalem, Athen und Rom, zum anderen aber ein sich wiederholendes Aufbrechen, Durcharbeiten und Überbieten dieser Traditionen. Die so viel verspottete Scholastik war weit weniger autoritätsgläubig als zumeist angenommen. Ein Scholastiker hat gesagt: »*Wir sind Zwerge, die auf Riesen stehen. Deshalb sehen wir weiter als sie.*« Sie hatte nämlich zu viele Autoritäten. Notgedrungen mußte sie über sie zu Gericht sitzen nach der Methode »*sic et non*« oder »*videtur quod...*« – »*sed contra*«. Richtig ist nur, daß sie gänzlich textorientiert gearbeitet hat. Erst mit Anbruch der Neuzeit wird Gottes zweites Buch, das »Buch der Natur«, direkt, experimentell nämlich, zu lesen begonnen. Sie hat die spätantike Überlieferung weder starr kanonisiert, wie das von Ostrom/Byzanz und weithin der orthodoxen Kirche gilt, noch ausgeschieden wie die islamische Welt, in der nach einer Blüte an die Spätantike anknüpfender Bildung, die sie vorrangig über Spanien an das christliche Europa vermittelt hat, unter dem Druck der islamischen Orthodoxie ein regulärer Abbruch erfolgte, auch der argumentierenden Theologie. Ich zitiere Oskar Köhler: Der »*seit dem 5. Jh. politisch und kulturell tiefgreifend veränderte occidens* (sc. durch den Sturm der Völkerwanderung, R.S.) *bot dem Christentum die Möglichkeit, eine – abgesehen von den Restbeständen der römischen Spätantike – primitiv-kulturelle Gesellschaft selbst zu bestimmen, und dies kraft sowohl der Überlegenheit einer Hochreligion wie der geschichtlich zugewachsenen Fähigkeit, Momente einer sich in ihrer historischen Eigenexistenz auflösenden Hochkultur auf die neuen Völker zu übertragen*« (Art. »Abendland«, TRE 1, 25).

13. Dieser Vorgang mußte nicht so ablaufen, wie er abgelaufen ist. Das Christentum konnte auch sozusagen im paganen Bestand dieser Völker versickern. Solche Tendenzen

hat es ja anfangs auch gegeben, wie das fränkische Eigenkirchenwesen oder die Bischöfe, die in ihrem Gehabe von Herzögen kaum zu unterscheiden waren. Statt dessen wurde aber das Christliche immer wieder zum reformatorischen Impuls. Denn der Grundsatz »*Ecclesia semper reformanda*« ist nicht erst von der Reformation geprägt worden. Er war auch im Mittelalter zu Hause. Gegen die Verweltlichungstendenzen der Kirche kommt es immer wieder zu Aufbrüchen. Die Reformbewegung von Cluny gehört hierher, die sich gegen Ämterkauf und schließlich gegen die Vergabe kirchlicher Ämter durch »weltliche« Herrscher wehrt, aber auch die mittelalterlichen Armutsbewegungen des entschiedenen Christentums, wie Waldes und Franziskus. Der eine wird Ketzer, der andere Heiliger, obwohl sie fast dasselbe wollten. Und neben den großen Konfessionen der Reformation stehen die spiritualistischen Richtungen des sogenannten linken Flügels.

14. *Europa hat sich nie abgeschottet.* Auch China verfügte zur Zeit der europäischen Entdeckungsschiffahrt über hochseetüchtige Schiffe und ist bis Afrika gelangt. Aber ein kaiserliches Edikt hat die Hochseeschiffahrt unter Todesstrafe gestellt. Ähnliche Abschottungsverfügungen kennt die japanische Geschichte.

15. Die europäische Geistesgeschichte ist, um Ebeling zu zitieren (RGG, Bd. 3, Art. »Theologie und Philosophie«), durch eine »*fundamental geschickhafte Dualität*« charakterisiert, »*die nach Verständnis und Gestalt sehr verschieden begegnet: als zwei Welten, zwei Reiche, Gott und Welt, Offenbarung und Vernunft, Glauben und Wissen, Kirche und Staat*« und eben auch als Philosophie und Theologie. Sie wirkt de facto als Gewaltenteilung, antimonistisch, antizentralistisch.

16. Was ist, geschichtlich gesehen, das prägend Christliche am sogenannten »christlichen Abendland«? Ich könnte mit Harnack antworten: »*der unendliche Wert der menschlichen Seele*«, nenne es aber lieber den christlichen *Individualismus*. Er ist einerseits der *Heilsindividualismus:* Gott bezieht sich auf jeden Menschen in individuo und dies unverfügbar für dritte. Im spätmittelalterlichen Universalienstreit war dies ein starkes nominalistisches Argument: Gott liebt nicht den Menschen, also die Gattung, sondern Petrus oder Paulus, also Individuen. Deshalb müssen die Individuen, nicht die Gattungen primär wirklich sein. In diesem Verständnis des Menschen vor Gott wurzelt ein Verständnis von Menschenwürde, das im Unterschied zum stoischen unbedingt, auch nicht durch Vernunftsbesitz bedingt ist, sondern auf der unbedingten und unverlierbaren Gotteskindschaft (Gottesebenbildlichkeit) beruht. Und er ist andererseits *Verantwortungsindividualismus:* Jeder Mensch ist unmittelbar vor Gott verantwortlich. Darin wurzelt die europäische Gewissenskultur. Dieser aber verkommt leicht zum religiösen Leistungsprinzip, wo ihm nicht das christliche Dankbarkeitsprinzip vorgeordnet ist, die Freiheit der Beschenkten, die Sokrates allerdings so nicht kannte.

17. Zum »christlichen Abendland« gehört aber ebenso die *Säkularisierung*. Sie hat selbst christliche Wurzeln, und zwar auf zwei Feldern. Die auf dem Schöpfungsgedanken beruhende Entmythologisierung der Welt ist eine Voraussetzung für die Entstehung der neuzeitlichen Naturwissenschaft und Technik. Kopernikus, Kepler, Galilei suchen mithilfe der Mathematik Gottes Schöpfungsplan. Das andere Feld ist die Entsakralisierung der politischen und rechtlichen Ordnungen in der Neuzeit, die im spätmittelalterlichen Kampf zwischen Sacerdotium und Imperium beginnt und unter den Erfahrungen der spanischen Greuel in Amerika

und der Religionskriege vorangetrieben wird. Der Gedanke des Naturrechts erzwingt eine exzentrische Perspektive. Las Casas vor Karl V. erklärt: Wenn die Indios sich gegen die eindringenden Spanier verteidigen, führen sie einen gerechten Krieg. Er führt schließlich zur Konzeption der Menschenrechte und des Verfassungsstaates. Es war Hugo Grotius, der ein Völkerrecht forderte, das gilt »*sicut deus non daretur*« – um des Friedens willen und insofern aus christlichen Motiven heraus, nicht aus atheistischen Prämissen. Erst danach wird der Satz »*sicut deus non daretur*« zum methodischen Grundsatz der Naturwissenschaft erklärt. Die war aber schon zuvor so verfahren. Denn wenn sie mithilfe der gottgegebenen Vernunft auf der Suche nach Gottes mathematisch verfaßtem Schöpfungsplan war, also aus der Perspektive des Schöpfers die Welt betrachtete, konnte Gott nicht darüber hinaus noch einmal ein besonderes physikalisches Argument sein. Auch der gesellschaftlich akzeptierte, moralisch nicht diskreditierte und argumentativ begründete Atheismus ist eine europäische Singularität. Möglich geworden ist er einerseits durch jene beiden Säkularisierungen, andererseits insoweit er sich als Humanismus versteht und tatsächlich auch bewährt, der den Grundsatz der Würde jedes menschlichen Individuums, also das Instrumentalisierungsverbot akzeptiert. Mein Haupteinwand gegen den Marxismus, Marx selbst inbegriffen, war der, daß zwar »der Mensch« im Mittelpunkt stehen sollte, aber der zukünftige, »neue« Mensch der klassenlosen Gesellschaft gemeint war – und für dieses erhabene Menschheitsziel dürften die gegenwärtigen Menschen, namentlich die Schädlichen, manipuliert, indoktriniert oder gar eliminiert, jedenfalls aber durften ihre Freiheiten beschnitten werden. Der christliche Glaube und der europäische atheistische Humanismus sind dann zwei streitende Brüder (E. Jüngel), die neben dem, was sie trennt, so viel verbindet, daß ein Modus Vivendi gefunden werden kann. Was sie verbindet, wird deutlich im Vergleich mit außereuropäischen Kulturkreisen. Daß eines jeden Menschen Leben zwischen Geburt und Tod der eine Ernstfall ist, ist für die Religionen der Reinkarnation nicht ebenso evident.

Dies alles gilt so nur vom lateinischen Europa. Kolakowski hat übrigens die besondere, dogmatische Form, die der Marxismus in Rußland entwickelt hat, auch darin begründet gesehen, daß es in der russischen Geschichte keine Scholastik, keine Renaissance, keine Reformation und bis Ende des 19. Jh. keine akademische Philosophie, nur schwach entwickelte Städte, keine Rechtsstaatlichkeit, dagegen aber einen despotischen Caesaropapismus gegeben hat, der die westeuropäischen Bündnisse von Thron und Altar bei weitem überstieg (Die Hauptströmungen des Marxismus, Bd. 2, 343 ff.). Die alte Grenze zwischen Ostrom und Westrom, zwischen dem lateinischen und dem griechisch-kyrillischen Alphabet ist bis heute in Europa spürbar, wenn auch nicht unüberwindbar.

Manche mögen eine solche Beschreibung europäischer Singularitäten als Eurozentrismus ablehnen. Ich wende ein: Die Kritik des Eurozentrismus ist selbst ein europäisches Motiv, nämlich eine Spielart des abendländischen Gedankens der Gleichheit aller Menschen und der europäischen Kultur der *humilitas.* Das eigene Reich als »Reich der Mitte« zu verstehen ist eher der Normalfall. Man kann es damit auch übertreiben. Einer solchen unerträglichen Übertreibung der *humilitas* haben sich z. B. diejenigen schuldig gemacht, die nach dem 11. September erklärten, der Westen selbst trage die Schuld an den Attentaten. Inwieweit diese Singularitäten Fluch und Segen sind, steht ja noch einmal auf einem anderen Blatt. Die Kulturkritik des Rundumschlags, von der sich die Kritiker selbst natürlich ausnehmen, gehört auf die negative Seite europäischer Proprien. Es ist aber einfach eine Tatsache, daß das Jahrtausend, das jetzt zu Ende gegangen ist, das Jahrtausend Europas war, das im Schlechten wie im Guten auf die anderen Erteile eingewirkt hat. Auch die viel beredete Globalisierung kann in gewisser Weise als Europäisierung verstanden werden. Ich folgere daraus zuerst, daß Europa keine exklusive, aber eine besondere Verantwortung dafür hat, diese Prozesse kritisch und selbstkritisch zu bedenken.

Das Vorgetragene mag als ein allzu bunter Strauß von Elementen und Motiven erscheinen – ungeeignet für eine Identität, die Europa vereint. Ich möchte widersprechen. Es gibt einen Zusammenhang, der das Vorgetragene zusammenhält, nämlich den Zusammenhang von *Freiheit, Wahrheit, Vernunft und Verantwortung*. Er hat bei den Griechen seinen Anfang genommen und über furchtbare Irrungen und Wirrungen unsere Geschichte bestimmt. Er ist verlierbar. Wir müssen ihn erinnern, um das Neue zu schaffen, das Europa werden soll.

Die Europäische Union braucht die Rückbesinnung auf die gemeinsamen Wurzeln der Europäer in der Antike.

Theo Sommer

Latein und Griechisch? Heute erst recht!

Es ist mir eine große Ehre, heute vor Ihnen sprechen zu dürfen. Allerdings gestehe ich gern, dass mich unmittelbar, nachdem ich dem beharrlichen Drängen von Herrn Dr. Meißner nachgegeben und seine freundliche Einladung angenommen hatte, das unabweisbare Gefühl beschlich, ich hätte dies in einem Anfall von Geistesabwesenheit getan. Ich bin kein Philologe, schon gar kein Altphilologe. Ich bin weder Lehrer noch Bildungspolitiker. Meinem akademischen Hintergrund nach bin ich Historiker, meinem Beruf nach seit fast einem halben Jahrhundert Journalist. Allenfalls kann ich zur Rechtfertigung meiner Zusage vorbringen, dass ich mich als Leitartikler, als Kommentator, als Zeitungsmacher stets brennend für jedwede öffentlichen Dinge interessiert habe – als Generalist indessen, nicht als Spezialist.

Dabei darf ich vielleicht drei mildernde Umstände geltend machen.

Zum ersten habe ich in der Oberschule einst sieben Jahre lang Latein gelernt. Viel später habe ich mich auch dem Griechischen genähert, wenngleich auf einem eher unorthodoxen Weg: durch Heirat nämlich mit einer Athenerin. Mein ältester Sohn hat ein altsprachliches Gymnasium besucht, ein anderer Sohn hat gerade an der Universität Heidelberg das Große Latinum nachgeholt, und meine 13-jährige

Tochter Katharina hat sich im vorigen Jahr aus freien Stücken entschieden, als zweite Fremdsprache nach dem Englischen nicht Spanisch oder Russisch zu nehmen, sondern Latein. Seitdem habe ich mich wieder ein Stück weit in die Feinheiten und Schönheiten dieser Sprache vertieft, auch in ihre Vertracktheiten. Vor vierzehn Tagen habe ich zusammen mit Katharina die Gründungssage Roms übersetzt. Es hat mich mit großer Befriedigung erfüllt, dass ich den Text des Livius noch immer ohne große Mühe grammatikalisch aufzuschlüsseln und ins Deutsche zu dolmetschen wusste: »*Tunc et eo loco, ubi Faustulus geminos invenerat, urbem novam condere constituerunt. Sed quod uterque frater regnare cupivit, Romulus et Remus in foedum certamen venerunt. Romulus autem iratus fratrem interfecit.*«

Wir kamen dann auf eine andere Fratrizid-Geschichte zu sprechen, auf die biblische Geschichte von Kain und Abel. Gemeinsam übersetzten wir aus dem ersten Buch Mose, Kapitel 4.8: »*Dixitque Cain ad Abel fratrem suum: Egrediamur foras. Cumque essent in agro, consurrexit Cain adversus Abel fratrem suum et interfecit eum.*« (»*Und es begab sich*«, in Luthers Eindeutschung, »*da sie auf dem Felde waren, erhob sich Kain wider seinen Bruder Abel und schlug ihn tot*«.) An diesem Tage habe ich bei meiner Tochter kräftig gepunktet. Unwillkürlich dachte ich an den alten Goethe und seinen Vers aus den »Zahmen Xenien«: »*Du mußt als Knabe leiden / Daß dich die Schule tüchtig reckt. / Die alten Sprachen sind die Scheiden, / darin das Messer des Geistes steckt*«.

Der zweite mildernde Umstand, den ich vorbringen möchte, entspringt der Tatsache, dass ich von Berufs wegen ein Mann des Wortes, der Sprache, der Schrift bin – und als solcher den alten Sprachen verhaftet auch dort, wo ich Deutsch oder Englisch schreibe. Mir war das lange Zeit selber gar nicht klar, zumal ich mir etwas darauf zugute hielt, dass ich fast routinemäßig im letzen Durchgang der redaktionellen Bearbeitung aus jedem Manuskript alle unnötigen Fremdwörter herausstrich. Aber dann rechnete mir der Kieler Pädagoge Klaus Westphalen vor, dass ich in einem ZEIT-Leitartikel zur Jahreswende 1990/91 genau 91 Fremdwörter verwendet hatte, die aus dem Lateinischen stammen oder von ihm abgeleitet sind, dazu 26 Fremdwörter aus dem Griechischen, viele davon mehrfach – insgesamt 160-mal ein Fremdwort aus dem antiken Kulturkreis. Der alphabetische Bogen reichte von Aggregat, Akt und Armee über Globus, Imperium, Reaktion und Reform bis hin zu Union und schließlich Zar. Westphalens Schlussfolgerung kann ich schwerlich widersprechen: »*dass das lateinische Wortmaterial eine unverzichtbare Basis für subtile Kommunikation in den europäischen Sprachen bereitstellt*«. Wer elaborierte Texte für intelligente Leser schreibt, der bleibt darauf angewiesen, dass ihm die Schule Leser heranbildet, die solche Texte verstehen.

Noch aus einem dritten Grunde wage ich es, vor Sie hinzutreten: Ich setze mich leidenschaftlich gern für Anliegen ein, bei denen den Verfechtern der Vernunft der Wind ins Gesicht bläst. Die alten Sprachen sind eine solche *causa,* für die es sich zu streiten lohnt. Der altsprachliche Unterricht steht überall unter Druck. Dieser Druck wird verstärkt von dem Ruf nach einer Straffung der Curricula, dem Drängen auf ein vermehrtes Angebot moderner Fremdsprachen, schließlich den vielfältigen Forderungen nach einem Ausbau der naturwissenschaftlich-mathematischen Fächer, auf die im Banne ökonomischer Nutzbarkeitserwägungen heute die bildungspolitischen Begehrlichkeiten gerichtet sind.

Der Raum für klassische Bildung wird seit langem ständig kleiner. Ich will diesen Befund mit zwei Beispielen belegen. Das erste: Nach Angaben des Statistischen Bundesamtes lernten 1989 in den siebten Gymnasialklassen der alten Bundesländer 90 116 Schüler Latein. Zehn Jahre später waren es immer noch rund 90 000, aber nun im größeren wiedervereinigten Deutschland. Das entspricht nur einem knappen Drittel der Schüler dieser Klassenstufe. Von den Schülern der allgemeinbildenden Schulen lernten noch 1980 9,3 Prozent Latein. Schon 1990 war dieser Prozentsatz auf 8,1 Prozent zurückgegangen. Inzwischen liegt er bei 6,3 Prozent. Die Sprache Cäsars rückt immer näher an den Rand unseres Bildungsangebots. Um die Sprache des Perikles steht es noch betrüblicher. Die Quote der Schüler, die sich ihr widmeten, fiel von 0,29 auf 0,14 Prozent.

Das zweite Beispiel stammt aus England. Dort hat sich eine altehrwürdige Erziehungsanstalt jüngst veranlasst gesehen, ihr Schulmotto zu ändern. Es lautete: »*Ich höre, ich sehe, ich lerne*« – eigentlich unverfänglich. Das Dumme war nur, dass es auf Latein über dem Schulportal eingemeißelt war, und da hieß es: »*Audio, video, disco*«.

Mein Interesse an den alten Sprachen wurzelt denn zum einen in meinem familiären Umfeld, zum anderen in meinem professionellen Umgang mit Sprache, schließlich in meinem Mitgefühl für die *underdogs* des zeitgenössischen Bildungssystems. Dieses Bündel von Faktoren ist es, das mir den Mut gibt, Ihnen im folgenden drei Thesen vorzutragen.

These Nr. 1:
Das Erlernen der alten Sprachen ist nützlich.

Den Terminus »nützlich« meine ich nicht im platten utilitaristischen Sinn. Hüten wir uns davor, den Maßstab des Arbeitsmarktes an die klassische Bildung anzulegen: die unmittelbare Verwendbarkeit oder Anwendbarkeit. Ich halte es da mit Bundespräsident Rau, der zu dem bedrückenden Ergebnis der PISA-Studie anmerkte: »*Wir orientieren uns zu sehr an Wirtschaftsdaten und zu wenig an einem Wertekanon«.* In der Tat ist das Mandat der Nachfrage aus der Wirtschaft das eine Grundübel, die Überfrachtung der Lehrpläne mit Spezialwissen von immer kürzerem Verfallsdatum das andere. Wer Erziehung bloß als Vorbereitung zum Geldverdienen begreift und Bildung nur als Konditionierung für bestimmte Berufe, der verkennt ihre eigentliche Aufgabe: Herzensbildung, Charakterbildung, Persönlichkeitsbildung. Gesellschaftlich brauchbar ist nicht bloß, was der Produktion und dem Profit nützt. Wir lernen nicht für Jauchs Millionärsspiel, auch nicht für allfällige Bewerbungsgespräche. Bildungswissen ist mehr als Funktionswissen. Zur Erziehung gehört auch und zumal die Weitergabe von Verhaltensformen und Verhaltensnormen.

Nun will ich keineswegs bestreiten, dass die Kenntnis der alten Sprachen manchen direkten Nutzen abwirft. Man versteht die eigene Sprache besser, wenn man die lateinische gelernt hat, hat Roman Herzog dem Deutschen Altphilologenverband vor zwei Jahren gesagt – Roman Herzog, der als Kultusminister in Baden-Württemberg einmal morgens vor einer Kabinettssitzung rasch die Latein-Abiturarbeit mitschrieb und dabei glänzend abschnitt. Wenn die vielbeschworene PISA-Studie der Lesekompetenz der deutschen Schüler ein verheerendes Zeugnis ausstellt, so hat dies sicher auch mit dem Verfall des altsprachlichen Unterrichts zu tun. Ohne die grammatikalische Schulung, die er vermittelt, ohne das beobachtende, verweilende, sinnerschließende Studieren von Texten verkümmert die Fähigkeit, sich auszudrücken, zu bewerten, zu reflektieren. Das algorithmische Denken bildet dafür sowenig einen Ersatz wie ein Deutsch-Unterricht, aus dem jede literarische Zumutung und Anstrengung herausreformiert worden ist.

Man versteht nicht nur die eigene Sprache besser, man lernt auch moderne Fremdsprachen leichter, wenn man eine solide Grundlage in den alten Sprachen hat. Beides ist richtig, wenngleich ich fairerweise hinzufügen möchte: Die eigenen wie die fremden Sprachen lassen sich nicht nur zur Not, sondern in aller Regel auf direkterem Wege auch erlernen.

Überhaupt bilde ich mir nicht ein, dass sich die einstige Vormachtstellung der alten Sprachen in den Lehrplänen unserer höheren Schulen wiederherstellen ließe. Das wäre nicht einmal in den Gymnasien möglich. Der Verfall des altsprachlichen Unterrichts ist nicht mehr rückgängig zu machen. Vor 150 Jahren wurden an preußischen Gymnasien jährlich 128 Wochenstunden darauf verwendet, 1892 waren es noch 98 Stunden. Davon kann der Humanist heute nur nostalgisch träumen. Aus dem breiten Strom der altsprachlichen Bildung ist längst ein Rinnsal geworden. Der klassischen Gelehrtenschule macht das Realgymnasium schon seit anderthalb Jahrhunderten Konkurrenz. Bereits 1882 wurden die ersten lateinlosen Oberrealschulen eingerichtet. Der Beschluss, allen Schultypen Gleichrangigkeit zuzubilligen, stammt aus dem Jahre 1900. Seit Mitte der sechziger Jahre sind selbst in Bayern, der Hochburg der alten Sprachen, die humanistischen Fächer auf den Lehrplänen heftig geschrumpft. Das Englische, die *lingua franca* der globalisierten Welt, hat zumal das Griechische marginalisiert – aber wer wollte schon darüber richten, wenn selbst die Griechen inzwischen das Altgriechische aus dem Curriculum ihrer Oberschulen verbannt haben? Im übrigen wäre es nicht nur ein hoffnungsloses, sondern schlicht ein törichtes Unterfangen, wollten wir etwa den Versuch unternehmen, die naturwissenschaftlich-technischen Fächer wieder auf den zweiten Rang zu verweisen. Um die Gleichwertigkeit von Humanwissenschaften und Naturwissenschaften geht es, nicht um die Unterordnung der einen unter die anderen.

Es kommt allerdings darauf an, dass wir dem vorwärtsdrängenden naturwissenschaftlichen Geist die Zügel des

Gewissens anlegen; dass wir bedenkenlosen Forschern, die glauben, alles machen zu *müssen,* was sich als machbar entpuppt – sei dies die Atombombe oder der geklonte Mensch – die Bedenklichkeit ihres Tuns vor Augen führen; kurz, dass wir allem Menschenwerk Maß und Mitte weisen, Grenzen und Schranken. Derlei Maßstäbe der Humanitas aber lassen sich am ehesten aus dem klassischen Fundus gewinnen.

Damit will ich keineswegs sagen, dass jeder Latein und Griechisch lernen müsse – das war ja auch früher nie so. Aber die politischen und wissenschaftlich-technischen Eliten, die unsere Gesellschaft in schwindelerregendem Tempo verwandeln, ohne wirklich zu wissen, wohin der Wandel am Ende führt, sollten doch wenigstens eine ferne Ahnung von den *mores maiorum* haben, von den Werte-Koordinaten der Alten und der überreichen Fülle ihrer geistigen Welt.

Seitdem C.P. Snow im Jahre 1959 den Begriff der »zwei Kulturen« prägte – er unterschied zwischen der geisteswissenschaftlich-humanistischen und der naturwissenschaftlich-technischen Kultur – ist die Kluft zwischen beiden eher noch tiefer und breiter geworden. Ungezügelter Forscherdrang und ökonomische Verwertungsinteressen reichen einander dabei die Hand, die mahnende Einrede findet immer weniger Gehör. Indessen bin ich der festen Überzeugung, dass das an der antiken Literatur und Historie geschulte Gewissen heute nötiger ist denn je zuvor. Die Naturwissenschaftler und die Techniker, die ständig die Grenzen des Machbaren wie des Denkbaren erweitern und dabei die Trennlinie zwischen Fortschritt und Frevel immer stärker verwischen, bedürfen eines festen *»inneren Geländers«* (Hannah Arendt) mehr als in irgendeiner vorangegangenen Epoche.

Die Gewissensschärfung mit Hilfe der Klassik kann uns durchaus helfen, einen auf das Universelle zielenden Diskurs zu bewahren. Die zeitgenössische Philosophie, Geschichte,

Kunst und Sozialwissenschaft sind dazu nicht mehr in der Lage, selbst die Theologie schafft es nicht mehr.

Ich wiederhole: Es geht nicht um platte Nützlichkeit. Es geht vielmehr um das, was wir zu unserem heutigen »Nutz und Frommen« aus der Antike hinüberretten müssen in unsere Gegenwart und Zukunft. Gewiss kann man Thukydides auch auf Deutsch lesen oder auf Englisch. (Ich ziehe persönlich die kernige englische Übersetzung vor, etwa den Satz aus dem Melierdialog: »*The strong do what they can, the weak do what they must*« im Vergleich zum umständlichen Deutschen: »*Der Stärkere setzt durch, was eben möglich ist, und der Schwächere fügt sich*«). Aber es ist am Ende doch nicht die punktuelle Aufmerksamkeit, sondern nur die jahrelange Beschäftigung mit der breiten Fülle des Stoffes, die uns den Zugang zum Fundus des Altertums eröffnet, zu seiner Geschichte, seiner Literatur und seiner Philosophie. Aus deren tiefen Wurzeln wachsen die Maßstäbe, die wir heute brauchen.

Gewissensschärfung, Standortbestimmung und Richtungsweisung sind das Wichtigste, was wir der Antike abgewinnen können. Sie lehrt uns die Wandelbarkeit wie die Vielheit der Erscheinungen. Sie eröffnet uns die Dimension der Geschichtlichkeit. Sie erinnert uns daran, dass der Geist ein Wühler ist. Die Fäden ihrer Vergangenheit reichen weit hinein in das Dunkel der Zukunft. Keiner hat dies trefflicher formuliert als Jacob Burckhardt. Von ihm stammt auch das schöne Wort, das Studium der Geschichte solle uns nicht klüger machen für ein ander Mal, sondern weise für immer. Das Geschenk der Antike an uns besteht nicht in leicht nachzukochenden Rezepten, sondern in Werten, moralischen Leitplanken, eben dem »*inneren Geländer*« der Hannah Arendt. Die Antike vermittelt uns Prägungen, Haltungen, Vorbilder. Wer sich in sie vertieft, den erwartet eine reiche Sammlung von Beispielen des Glanzes wie des Elends, eine

Kollektion von Verhaltensmustern, ein großer Fächer auch von Antworten auf die Frage nach dem richtig gelebten Leben, nach Tugend und Untugend, Humanitas und Bestialität, *salus publica* und Selbstbezogenheit.

Man kann aus der Geschichte Athens und Roms Erkenntnis destillieren, die auch heute noch gilt. Hätte Lyndon Johnson das Kapitel des Thukydides über die sizilianische Expedition der Athener und deren fatalen Ausgang gekannt, vielleicht hätte er sich nie auf den Vietnam-Krieg eingelassen. Anderseits: Wer die Schilderung der Korkyra-Greuel gelesen hat, der wird sich zwar erregen und empören über Srebrenica, Ruanda oder Grosny, aber er wird sich nicht wirklich darüber wundern. Er weiß mit Sophokles: *»Ungeheuer ist viel, und nichts ungeheurer als der Mensch/Über Verhoffen begabt mit der Klugheit erfindender Kunst/geht zum Schlimmen er bald und bald zum Guten hin«.*

Uns Heutigen, die wir vor unseren Bildschirmen kleben und Windows 2000 oder XP für die eigentlichen *Windows on the World* halten – so hieß das Restaurant im obersten Stock des New Yorker World Trade Center –, bietet die griechische und römische Antike ein einzigartiges Fenster auch auf unsere zeitgenössische Welt. Goethe hat recht, wenn er die Wichtigkeit der alten Sprachen damit begründet, *»daß in ihnen alle Muster der Redekünste und zugleich alles andere Würdige, was die Welt jemals besessen, aufbewahrt sei«.*

Damit komme ich zu meiner zweiten These.

These Nr. 2:
Nur wer das Gestern kennt, versteht das Heute.

»Die Sprache der Griechen und Römer hat uns bis auf den heutigen Tag köstliche Gaben überliefert«, hat Goethe gesagt. Der Satz besitzt unveränderte Gültigkeit, wiewohl uns

die Gaben der Alten nicht mehr so bewusst vor Augen stehen wie den Weimarer Klassikern.

Griechisch und Latein sind und bleiben der Schlüssel zu der Schatztruhe jener Überlieferung, auf der unsere Kultur ruht. Ohne diesen Schlüssel aus ferner Zeit ist uns das Verständnis des eigenen Herkommens wie des eigenen Wesens verwehrt. Wer sich von den Pfahlwurzeln der Antike abschneiden wollte, der liefe Gefahr, sich abzuschneiden von den gegenwartsprägenden Traditionen unserer Geistesgeschichte.

Gegenwartsprägend: in der Tat. Wo bliebe unser Sinn für Tragödie und Komödie, kennten wir nicht die großen Stoffe des Euripides, des Sophokles und des Aristophanes? Die Literatur der Neuzeit bliebe uns unverständlich: Shakespeares »Julius Cäsar« und sein »Coriolan«; Racines »Phädra«; Goethes »Iphigenie« und Schillers »Kraniche des Ibikos«; Grillparzers »Medea«; O'Neills »Trauer muss Elektra tragen«; Thornton Wilders »Iden des März«; Sartres »Trojanerinnen«; Christa Wolfs »Kassandra«. Sie alle wurzeln in den Schriften der Alten. Neuerdings auch manche Gedichte in dem eben herausgekommenen Band »Erklärte Nacht« von Durs Grünbein: »*Chrysippus sagt, nur die Seelen der Weisen/schwirren noch bis zum großen Weltbrand umher*«; oder: »*Daß Remus vom Bruder ermordet, Romulus, und seine Leiche zerstückelt wurde aus Machtgier/soll unser Schicksal sein …*«. Wir stünden wie der Ochse vor dem Berg, wären wir unvertraut mit dem Quelleneinzugsgebiet so viel großer Literatur unserer eigenen Epoche.

Auch in Europas Museen, Schlössern und Palästen würden wir begriffsstutzig umherirren, wenn uns die Erinnerung an die Mythen der Antike verlorenginge, an ihre Sagen und Legenden. Die Geburt der Venus gibt es in unzähligen Varianten, von Botticelli und Tizian in den Uffizien, von Bougereau und Cabanel im Pariser Musée d'Orsay, anderswo von vielen anderen. Sappho, Jason, Orpheus, Homers »Odyssee« und Vergils »Äneis« lieferten unendliche Anregungen. Es gibt kaum einen großen Maler der frühen Neuzeit, der sich nicht seine Sujets aus der Rüstkammer der Antike geholt hat. Denken Sie an Raffaels »Schule von Athen«; an Rembrandts »Verschwörung des Claudius Civilis«; an Berninis »Apoll und Daphne« oder seinen »Raub der Proserpina«; an Piranesis Radierungen römischer Ruinen; an Caravaggios »Bacchus«; an Rubens' »Amazonenschlacht«; an Tizians »Raub der Europa«. Nur die christliche Religion hat die Künste in gleicher Weise befruchtet wie die Antike.

Doch begegnen wir der Hinterlassenschaft der Griechen und Römer ja nicht nur in Museen. Sie tritt uns täglich entgegen. Wir benützen dauernd Redewendungen wie *et cetera* oder *per se.* Wir sagen *In vino veritas* und *Noli me tangere.* Wir reden vom *deus ex machina* und pontifizieren *ex cathedra.* Wir lesen, dass ein Angeklagter *in absentia* verurteilt worden ist. *E pluribus unum* lautet der Wappenspruch der Vereinigten Staaten, der jeden Dollarschein ziert. *Per ardua ad astra* ist der Wahlspruch der englischen Royal Air Force. Mit *Quo vadis* lockt Hollywood die Cineasten in die Lichtspielhäuser. *Team Situs* heißt eine Hamburger Immobilienfirma. Es fehlt nur, dass sich das Verbrauchermagazin »Test« oder der Deutsche Apothekerverband das Motto »*Caveat emptor*« erwählt – passen Sie auf bei jedem Kauf, zu Risiken und Nebenwirkungen fragen Sie Ihren Arzt oder Apotheker!

Wir verzieren unsere Prosa mit den Trümmern der alten Sprachen. *Errare humanum est* sagen wir leichthin, Nachsicht heischend oder gewährend. *Tempora mutantur, nos et mutamur in illis*, zitieren wir gern. Das *Dulce et decorum est pro patria mori* ist aus der Mode gekommen. Dafür bestimmt das *Quo usque tandem* des Cicero gegen Catilina unausgesprochen die Rhetorik unserer Politiker: *Wie lange noch,* Herr Bundeskanzler (Frau Vorsitzende, Herr Kandidat) *wollen Sie unsere Geduld missbrauchen?* Und das *ceterum censeo Carthaginem* (Al Qaidam, Axem Mali, urbem Bagdad) *esse delendam* dröhnt uns aus dem Weißen Haus täglich in den Ohren. Ein Leitartikler der New York Times hat jüngst den Präsidenten George W. Bush gewarnt, im Vollgefühl der überlegenen amerikanischen Macht die Ansichten anderer Staaten und Völker schnöde zu ignorieren. Die ciceronische Devise: *Oderint dum metuant* – sollen sie uns hassen, Hauptsache sie fürchten uns – sei kein Rezept, schrieb der Kolumnist Nicholas Kristof. Er zitierte nicht nur den lateinischen Urtext, er merkte sogar an, dass Cicero den Spruch aus dem Drama »Atreus« des Accius abgekupfert habe.

Die Antike umgibt uns allenthalben. Wer mit wachen Augen Zeitung liest, der stolpert jeden Tag über Dutzende von Beispielen. Neulich habe ich an einem einzigen Tag die Überschrift *»O tempora, o mores«* gelesen; eine Anspielung auf die Tonne des Diogenes in einer Unterzeile; eine Abhandlung über Hybris und Nemesis im Feuilleton; überdies die Bezeichnung »katilinarische Existenz« für einen Hauptbeschuldigten in einem zeitgenössischen Korruptionsfall. Ich bespiegelte mich im »Mirror«, dann focussierte ich mich auf »Focus«. Ich stolperte über einen Artikel, der *Cogito ergo sum* überschrieben war – *»Was hat Descartes dabei gedacht?«* Und ich ließ mich von der Gesellschaft für Deutsche Sprache belehren, dass für den Nachfolger des Pfennigs, den Cent, die Lautung »Zent« vorzuziehen sei gegenüber der Aussprache »Ssent«; dies sei eine Rückwendung zum Lateinischen, eine Angleichung an das längst mit z geschriebene Prozent, den Zentimeter, den Zentner.

Auch hier hat Geltung, was ich vorher schon einmal gesagt habe: Man kann sich dem Fundus der Antike auch auf anderen Wegen nähern als über die alten Sprachen. Aber es ist mühsamer, sich die geistige Welt der Griechen und Römer Reclambändchen um Reclambändchen zu erschließen, als wenn man sich in einem über Vokabeln, Grammatik und Syntax hinausweisenden Sprachunterricht in jahrelanger Beschäftigung mit der Welt Athens und Roms systematisch und gezielt den Zugang zu den Wurzeln freischaufelt. Dies muss ebenfalls nicht jedermanns Sache sein. Doch jenen Funktionseliten, die unser altes Bildungsbürgertum abgelöst haben, darf – ja: muss – solche Sappeurs-Arbeit zugemutet werden, wenn nicht der Kontakt zu unserer Herkunft, unserer Überlieferung und den Fundamenten unserer Kultur abreißen soll. Das *back to the roots* hat hier seinen guten Sinn, auch wenn wir in diesem Falle wohl besser sagen sollten: *ad fontes!* Lassen wir den Kontaktabriss zu, werden wir bald nicht mehr in der Lage sein, das Palimpsest der westlichen Zivilisation zu entziffern.

Es gibt aber noch einen weiteren Grund, weshalb wir einen solchen Filmriss unter allen Umständen vermeiden müssen. Er führt mich zu meiner dritten These.

These Nr. 3:
Die Europäische Union braucht die Rückbesinnung auf die gemeinsamen Wurzeln der Europäer in der Antike. Nur daraus kann jenes Bewusstsein der Identität wachsen, das sie befähigt, sich in den Stürmen des neuen Jahrhunderts zu behaupten.

Wenn die Europäer auf das vergangene halbe Jahrhundert zurückblicken, dann treten all die vielen Querelen um Brüssel und Brüssel herum zurück hinter dem, was sie mittlerweile erreicht haben: nämlich eine revolutionäre Umgestaltung der europäischen Verhältnisse. Nach einem Jahrtausend der Selbstzerfleischung, nach Jahrhunderten mörderischer

Bruderkriege, nach 75 Jahren Blut und Schrecken zwischen 1914 und 1989 hat ihnen die europäische Idee jenseits der Gräben und Gräber einen Horizont der Hoffnung verheißen. Heute sind sie auf dem Wege zu einer »*immer engeren Union*«, wie das Ziel im Vertrag von Maastricht beschrieben wird.

Erweiterung und Vertiefung, überhaupt unablässiger Integrationsfortschritt – das waren seit der Europäischen Zahlungsunion von 1950 und der Montanunion im folgenden Jahr die Bewegungsmomente des europäischen Einigungsprozesses. Aus der Europäischen Wirtschaftsgemeinschaft von 1958 ist die Europäische Union geworden, aus den sechs ursprünglichen Mitgliedern ein Verbund von fünfzehn Staaten. Und die alten Antriebsmomente wirken weiter fort. Zum einen in Richtung Erweiterung: Über ihren Beitritt wird gegenwärtig mit zwölf Ländern verhandelt; bis zum Ende des Jahrzehnts könnte die Zahl der Mitglieder auf zwei oder zweieinhalb Dutzend anwachsen. Zum anderen in Richtung Vertiefung: Zwölf Länder haben bereits die neue Gemeinschaftswährung, den Euro, die anderen denken über dessen Einführung nach, und seit kurzem berät ein Konvent unter dem Vorsitz von Giscard d'Estaing über eine europäische Verfassung. Der Integrationsprozess dauert an.

Das Fernziel heißt *United States of Europe*, anvisiert schon von Winston Churchill in seiner berühmten Züricher Rede vom September 1946. Noch sind wir nicht so weit. Vor uns liegt ein längeres Zwischenstadium, für das die angemessene Bezeichnung der europäischen Konstitution wohl eher »Vereinigtes Europa der Staaten« wäre als »Vereinigte Staaten von Europa«.

Auch wenn wir das Endziel erreicht haben werden, wird Europa kein Einheitsstaat, kein Einheitsbrei sein. Die alten, stolzen Völker unseres Kontinents werden darin sowenig untergehen wie die Bayern in Deutschland oder die Schotten in Großbritannien. Europas Einheit muss sich in der Vielfalt erweisen, nicht in Gleichschaltung und Gleichmacherei. Sein Wappenspruch wird nicht lauten wie der amerikanische: *E pluribus unum* – aus vielem Eines. Er kann nur heißen: *E pluribus pluralitas unita* – aus vielen eine vereinte Vielheit.

Das heißt: Niemand wird auf seine Eigenheiten und Eigentümlichkeiten verzichten müssen – seine Sprache, seine Literatur, seine Kultur, seine Cuisine. Die Nationen werden bestehen bleiben – allerdings als Bausteine des größeren europäischen Hauses und als Nationen ohne Nationalismus. Jeder wird seine nationale Identität behalten. Aber jeder wird auch eine zweite Identität hinzugewinnen: eine europäische.

Bisher ist diese europäische Identität nur schwach ausgebildet. Es gibt, über die Eliten der Politik und das Brüsseler Mandarinat hinaus, noch keine europäische Öffentlichkeit, auch noch keine europäische öffentliche Meinung. Es gibt bis heute keinen europäischen *demos*. Es fehlt an einem verbindenden Geschichtsbewusstsein, das die europäischen Gemeinsamkeiten gegenüber den Verschiedenheiten in den Vordergrund rückt. Aber es wächst doch erkennbar das Verständnis dafür, dass Europa, wenn es mehr sein und werden will als ein profitabler Markt, sich auf seinen gemeinsamen Urgrund besinnen muss. Dieser Urgrund jedoch liegt in der Antike. Ihr durch die Jahrhunderte fortwirkendes Vermächtnis hat die unauflösliche Zusammengehörigkeit der europäischen Völker selbst in ihrer tausendjährigen Zerrissenheit und Zerstrittenheit verbürgt.

Dies hat schon Ortega y Gasset, der spanische Philosoph, erkannt. *»Das Schlachtgetöse«*, schrieb er, *»war gewissermaßen nur ein Vorhang, hinter dem umso zäher der Webstuhl des Friedens arbeitete, der das Leben der feindlichen Nationen ineinanderwirkte«*. Ortega war es auch, der eine

Erkenntnis herausarbeitete, auf die es mir in unserem Zusammenhang besonders ankommt. Er wies nämlich darauf hin, dass 80 Prozent dessen, was die verschiedenen Nationen ihr nationales Erbe nennen, im gleichen Humus wurzelt und aus gemeinsamem Fundus stammt: *»Vier Fünftel unserer inneren Habe sind europäisches Gemeingut«.* Paul Valéry hat es ganz ähnlich ausgedrückt: *»Überall, wo die Namen Cäsar, Gajus, Trajan, Vergil, überall, wo die Namen Moses und Paulus, überall, wo die Namen Aristoteles, Plato, Euklid Bedeutung und Ansehen haben – dort ist Europa!«* Man könnte durchaus von einer europäischen Leitkultur reden.

Sie, meine Damen und Herren Altphilologen – Sie sind es, die das Erbe der Antike hüten und bewahren. Halten Sie sich stets den Satz vor Augen, den Gustav Seibt unlängst in der *Süddeutschen Zeitung* geschrieben hat: *»Das Lateinbuch ist das Lehrbuch Europas«.* Latein und Griechisch haben unserem zerklüfteten Kontinent zwei Jahrtausende lang Zusammenhang und Zusammenhalt gegeben – eine ideale Grundlage für die Gemeinsamkeit, die wir uns heute in der Europäischen Union neu erobern.

In einer Zeit, da Europa sich anschickt, ein Staatenverbund ganz neuer Art zu werden, eine Union kontinentalen Ausmaßes und globalen Gewichts, ist das antike Erbe wichtiger denn je. Angesichts der fortbestehenden Unterschiedlichkeit im Streben, Denken und Fühlen der Nationen muss es zum politischen Willen, zum ökonomischen Kalkül, zu den funktionalen Erwägungen hinzutreten, um der Union ihren geistig-kulturellen Kitt zu liefern. Aus dem Fundus der Alten kann sich die Herausbildung eines europäischen Selbstverständnisses speisen, jene *»emotionale Vergemeinschaftung«,* von der Max Weber einst im Blick auf die nationale Identitätsbildung gesprochen hat, nun freilich auf der europäischen Ebene. Nach und nach können dann die nationalen Identitäten zurücktreten hinter der überwölbenden europäischen Identität.

Der Rückgriff auf die Frühzeit des Abendlandes entspringt dabei nicht dem Luxus der Nostalgie. Europas gemeinsame Identität drückt sich heute schon auf vielerlei Feldern aus. Die Europäische Union ist längst mehr als ein großer Markt. Zusehends wird sie zur politisch und militärisch handelnden Einheit. Unleugbar baut sie auf ein deutlich von Asien oder auch Amerika abgehobenes Wertesystem, Ausdruck einer gesellschaftlichen Vorstellung, der das Bild eines Kapitalismus mit menschlichem Antlitz zugrunde liegt – die Idee der Sozialen Marktwirtschaft als Gegensatz zu einem globalen Kapitalismus ohne Schranken und ohne Verantwortung. Darüber hinaus aber ist das Brüsseler Europa ein intellektueller, spiritueller und kultureller Raum, in dem das Vermächtnis Griechenlands und Roms, des christlichen Mittelalters, der Renaissance und der Aufklärung zusammenfließen. Allein dieses Vermächtnis kann dem bunten Flickenteppich der europäischen Nationen jenes entgegengenähte Unterfutter gemeinschaftlichen Empfindens schaffen, das den Zusammenhalt ihrer Union garantiert.

Meine These lautet ganz schlicht: Europa, will es dem Ansinnen, den Anstürmen und, womöglich, den Anschlägen der übrigen Welt trotzen können, bedarf dringend der Besinnung auf seine Wurzeln, einer in seiner Geschichte begründeten Identität, die mehr ist als die Addition seiner nationalen Identitäten, einer geistigen Form *sui generis.* Wir brauchen dies umso mehr, als ja auch in anderen Weltregionen die Völker, die Kulturen sich wieder auf die Wurzeln ihrer Tradition besinnen und die Profile ihrer Identität aufs Neue schärfer zeichnen.

Der Harvard-Professor Samuel Huntington prophezeit uns seit einigen Jahren einen *clash of civilizations,* einen Zusammenprall der Kulturen: Morgenland gegen Abendland,

Islam gegen Christenheit, Konfuzianer gegen Kantianer, Obskurantisten gegen Aufklärer. Ich habe seine These lange Zeit bezweifelt, und ich denke auch heute noch, dass der Kampf der Großkulturen untereinander weder zwangsläufig noch unausweichlich ist. Aber seit dem 11. September vorigen Jahres bin ich nicht mehr so unumstößlich sicher, dass es Fundamentalisten vom Schlage Osama bin Ladens nicht doch gelingen könnte, einen *clash of civilizations* auszulösen.

Ich hoffe indessen, dass die jüngsten Terroranschläge aus der muselmanischen Welt nicht der Vorbote eines Zusammenstoßes der islamischen und christlichen Welt sind. Wäre es so, es bliebe uns nichts anderes übrig, als uns beherzt zu wehren – nicht als Franzosen, Polen, Deutsche, Engländer oder Spanier, sondern als Europäer. Dabei dürften wir uns der Tatsache erinnern, dass die Begriffe »Europa« und »Europäer« entstanden sind in den Abwehrkämpfen gegen Angreifer aus dem Osten. Hippokrates und Isokrates erfanden das Etikett »Europa« unter dem Eindruck der Perserkriege, um die freien Völker westlich des Hellespont von den despotisch regierten Völkern Asiens zu unterscheiden. Elfhundert Jahre später, als der Sarazenenkönig Abd-ar-Rahman in Gallien einfiel und eine gallisch-römisch-germanische Streitmacht unter Karl Martell ihn 732 nach Christus in der Schlacht von Tours und Poitiers aufs Haupt schlug, nahm der Chronist des blutigen Treffens den Begriff »Europäer« wieder auf. Nach der Schlacht, berichtet er, *Europenses se recipiunt in patrias* – die Europäer zogen sich in ihre Vaterländer zurück. Doch schwenkten sie auch in den nächsten tausend Jahren das Europa-Panier, wann immer Hunnen, Mongolen oder Türken sie berannten. Es ist, als waltete da ein ehernes Gesetz der Geschichte: Die Europäer rückten unter Bedrohung zusammen; war die Gefahr vorüber, fielen sie wieder übereinander her.

Im 21. Jahrhundert benötigen wir keinen äußeren Feind mehr als Motiv für die europäische Einigung. Wohl müssen wir uns wappnen für den Fall, dass ein solcher Feind sich erhebt, doch sollten wir alles daransetzen, einen Zusammenprall der Kulturen zu verhindern. Allerdings: Auch für die bei weitem vorzuziehende Alternative, für den Dialog der Kulturen, brauchen wir Europäer die feste Verankerung in unserer gemeinsamen Vergangenheit. Sie bietet uns jenen Rückhalt im Eigenen, dessen wir im Gespräch wie im Wettbewerb mit fremden Kulturen bedürfen.

Heute gibt es sechs Milliarden Menschen, darunter 600 Millionen Europäer – ein Zehntel der Weltbevölkerung. Bald wird die Menschheit acht Milliarden zählen, von denen, hält der gegenwärtige Trend an, nur noch 500 oder gar 400 Millionen Europäer sein werden. Neben 1,5 Milliarden Chinesen, 1,5 Milliarden Indern, 1,3 Milliarden Muslimen und 800 Millionen Afrikanern werden wir uns auf die Dauer schwerlich behaupten können, wenn wir uns nicht unseres eigenen Herkommens versichern, unserer kulturellen Tradition, des inneren Bandes, das Europa zusammenhält in einem Weltzeitalter, in dem sein Genius demographisch nicht mehr angemessen untermauert ist.

Schluss

Ich habe den Bogen weit gespannt und bitte dafür um Nachsicht. Es kam mir darauf an, den Wert der alten Sprachen und damit der antiken Prägungen, die sie uns weiterreichen, nicht nur unter dem Gesichtspunkt des pädagogischen Nutzens zu betrachten, auch nicht vornehmlich unter dem Aspekt ihrer kulturellen Bedeutung. Ich wollte darüber hinaus klarmachen, dass das Erbe der Antike in der heutigen Zeit auch von hochaktueller politischer Bedeutung ist. Es bildet die Grundlage für ein europäisches Selbstbewusstsein und damit das Fundament jenes Europäischen Hauses, an dessen Bau wir arbeiten.

Mein Beruf lässt mir nur wenig Muße, mich in die Schriften der Alten zu vertiefen. Anders als Roman Herzog würde ich im Lateinabitur heute wohl durchfallen. Anders als Franz Josef Strauß könnte ich Catulls Strophen über die Halbinsel Sirmione im Gardasee nicht mehr aus dem Gedächtnis aufsagen. Und anders als Carlo Schmid hätte ich mich mit dem sowjetischen Ministerpräsidenten Malenkow, einem ehemaligen Klosterschüler, kaum auf Lateinisch unterhalten können.

Indessen greife ich oft zu den mittlerweile 13 Bänden des Neuen Pauly, um Einschlägiges nachzuschlagen. Immer wieder lese ich im »Peloponnesischen Krieg« des Thukydides. Häufig blättere ich in den zweisprachigen Ausgaben der Schriften Senecas. Und zuweilen erfreue, erfrische ich mich an den Liebesgedichten des Catullus – *Da mi basia mille, deinde centum, dein mille altera*. Als verachtenswerteste Gestalt der Weltgeschichte erscheint mir jener Pandaros aus Homers »Ilias«, der den Spartanerkönig Menelaos mitten im Waffenstillstand mit tückischem Pfeil schwer verwundete; statt Freundschaft zwischen Achäern und Troern herrschte danach auf lange Jahre wieder *»schlimmer Krieg und schreckliche Feldschlacht«*. Pandaros war der Prototyp jener Betonköpfe, Hardliner, Zeloten, die auch in den Konflikten der Gegenwart nie Ruhe geben, sondern jeden Ansatz zum Frieden zerstören. Wir sehen sie allenthalben auf allen Seiten an ihrem ruchlosen Werk: im arabisch-israelischen Konflikt, im nordirischen Bürgerkrieg, in Kaschmir, in Angola, im Sudan, in Tschetschenien. Bewunderungswürdig hingegen finde ich die Tyrannenmörder Harmodios und Aristogeiton, die den Gewaltherrscher Hipparch töteten, um der Demokratie den Weg zu ebnen; ihr

Denkmal ist gegenwärtig in der schönen Ausstellung »Die griechische Klassik – Idee und Wirklichkeit« im Berliner Gropius-Bau zu sehen.

Ich weiß, dass wir nicht rückwärts in die Zukunft gehen können. Aber ich möchte all den Nützlichkeits- und Verwertbarkeitsfanatikern widersprechen, die da schnöde predigen, man könne die Welt von morgen ohne die Wertorientierungen von gestern bauen. Gewiss unterliegen auch Werte dem Wandel, zumal die *mores* des Alltags. Aber es gibt einen Kernbestand, den wir in die Zukunft hinüber retten müssen, wenn des Menschen Macht und Tun nicht ständig aus den Geleisen des Gehörigen herausspringen soll. Es kann nicht das Ziel sein, die Antike wiederherzustellen. Aber es ist jeder Anstrengung wert, sie als ruhenden Pol unseres Denkens begreifen und bewahren zu lernen, als »*Spiegel und Medium der Selbsterkenntnis*« (Johannes Gaitanides), als Quell der Burckhardtschen »*Weisheit für immer*« in den Veränderungswirbeln und Beschleunigungsturbulenzen der Moderne. Dies mag vielen unzeitgemäß vorkommen – aber es ist unzeitgemäß in jenem höheren Sinne, den Friedrich Nietzsche der klassischen Philologie zuschrieb: wirkend »*gegen die Zeit und dadurch auf die Zeit und hoffentlich zugunsten einer kommenden Zeit*«.

Es droht in der Tat ein dramatischer Kontaktriß zur Überlieferung, aus der wir kommen...

Heike Schmoll

Nachhaltige Bildung
Latein und Griechisch im modernen Fächerkanon

Die defizitären Leistungen deutscher Schüler bei der PISA-Studie lassen sich auf eine Grundschwäche zurückführen: Es fehlt am verstehenden Lernen. Die Gründe dafür sind ebenso komplex wie die Einzelergebnisse der Studie, sie wurzeln jedoch alle in der ausgeprägten Leseschwäche, dem geistigen Analphabetismus. Schüler können Texte wohl buchstabieren, aber sie können sie offensichtlich nicht kritisch bewerten und reflektieren, geschweige denn angelesene Kenntnisse anwenden. Mangelnde Lesekompetenz hat kulturelle und politische Folgen. Sie führt zum einen zu traditionsvergessenen Staatsbürgern, die weder mit antiken noch biblischen Texten etwas anfangen können, weil sie beziehungslos bleiben, zum andern zu unkritischen, manipulierbaren Bürgern.

Dabei bestanden die PISA-Aufgaben doch nicht aus hoher Literatur. Gebrauchstexte wie Beipackzettel und ähnliches wurden den Schülern vorgelegt. Doch auch daran sind sie gescheitert.

Im Grunde sind das, was PISA nun schwarz auf weiß erwiesen hat, Dekadenzerscheinungen. Aber noch mehr: Es sind die sichtbaren Folgen einer kulturellen Selbstentwurzelung, die – wie ich meine – unmittelbar mit der

Vernachlässigung der alten Sprachen einher geht. Solche Klagen über den Niedergang haben Tradition und sind keine neuzeitliche Erscheinung. Wenn Sie sich davon überzeugen wollen, lesen Sie die brillante Antrittsvorlesung Philipp Melanchthons in Wittenberg. Unweigerlich sah er eine Schwächung der theologischen Wissenschaft einhergehen mit der Vernachlässigung der alten Sprachen. Anstatt die Grundlagen in Grammatik und Wortlehre zu lernen, stürzten sich die angehenden Theologen auf die Auslegung der Schrift und blieben auf diese Weise Fremde in der Wissenschaft, so lautet seine Warnung. Melanchthon war sich sicher, daß nur die richtige Sprache auch die richtige Erkenntnis sichert. Wer also nicht verantwortlich mit dem Wort umgeht, der verfälscht auch seine Erkenntnis und beschädigt die Wahrheit.

Die PISA-Diskussion hat schon jetzt gezeigt, daß nach wie vor von Inhalten nicht die Rede ist, schon gar nicht von Wahrheit. Fertigkeiten, ökonomische Verwendbarkeit sind gefragt, mit anderen Worten nichts anderes als die Wiederholung der Bildungspolitik, die zum PISA-Ergebnis geführt hat. Latein und Griechisch sind genau die Fächer, die sich über Inhalte erschließen, die das mikroskopisch genaue Lesen üben, aber sie entziehen sich – zum guten Glück – den kurzschlüssigen Nützlichkeitsbegründungen der modernen Bildungspolitik.

Wenn Sie nun darauf hoffen, daß ich Ihnen eine überzeugende Studie zum Sinn des Lateinlernens präsentiere, dann muß ich Sie leider enttäuschen. Solche Studien gibt es nicht. Allerdings gibt es immer wieder Leute, die versuchen, die Nutzlosigkeit des Lateinlernens zu erweisen. Besonders schlagend scheint mir der Beweis immer dann zu sein, wenn Lateinabsolventen beim Lernen moderner Fremdsprachen später behaupten, das Latein habe ihnen nie etwas genutzt. Wer Italienisch und Spanisch lernt und dann meint, dies mit

Latein nicht leichter zu schaffen, der kann entweder nicht richtig Latein oder kann sich nicht mehr in den Zustand versetzen, in dem er ohne Lateinkenntnisse wäre. Insofern sind die Beobachtungen renommierter Sprachdidaktiker mit Vorsicht zu genießen, die von einer geringen Transferwirkung des Latein auf Französisch, Italienisch und Spanisch sprechen.

Im vergangenen Jahr hat das Institut der Deutschen Wirtschaft in Köln unter dem Titel »Latein auf dem Prüfstand« eine Meldung veröffentlicht, die Lateiner eher in resignative Stimmung zu versetzen mag. Die Anzahl der Gymnasiasten, die die lateinische Sprache im schulischen Fächerkanon lernen, ist in den vergangenen Jahrzehnten erheblich gesunken. Das überrascht niemanden der hier Anwesenden. 1962 lernten immerhin noch 57 Prozent der Gymnasiasten Latein, im Schuljahr 1999/2000 waren es nur noch rund die Hälfte, also 26 Prozent. Da mag es ein schwacher Trost sein, daß Latein immer noch nach Englisch und Französisch den dritten Platz der an den Gymnasien unterrichteten Sprachen einnimmt.

354 Manager – das ist für Stichprobenuntersuchungen übrigens keine relevante Größe – haben bei einer Befragung des Instituts der Deutschen Wirtschaft (DIW) in Köln gesagt, sie hielten nicht mehr viel von Caesar und Cicero. Nur jeder zweite würde Latein heutigen Schülern ans Herz legen, jeder dritte Nichtlateiner würde seine Kinder Latein lernen lassen. – Zu den niederschmetterndsten Befunden der vergangenen Studien – danach hat das DIW nicht gefragt – gehört, daß ausgerechnet die Absolventen humanistischer Gymnasien ihren eigenen Kindern davon abraten würden, Latein zu lernen.

Nicht unerwähnt bleiben soll freilich die in der Zeitschrift für Pädagogische Psychologie veröffentlichte Studie »Non scholae sed vitae discimus« zu den Transfereffekten des Lateinunterrichts. Untersucht wurde von einer Forscherin des Berliner Max-Planck-Instituts für Bildungsforschung, inwiefern von Latein im Vergleich zu Englisch als Anfangssprache im Gymnasium allgemeine Transfereffekte auf die Intelligenzleistung sowie Transfereffekte auf muttersprachliche Fähigkeiten ausgehen. Im Rahmen einer Längsschnittstudie wurden am Ende der achten Klasse Schüler mit Latein als erster Fremdsprache (vier Jahre Unterricht) mit Schülern verglichen, die überhaupt kein Latein gelernt hatten oder nur zwei Jahre in Latein unterrichtet worden waren. Um es kurz zu machen: Während es nicht die geringsten Hinweise auf Unterschiede in der Intelligenzleistung zwischen Schülern mit Latein und Englisch als erster Fremdsprache gab, zeigten sich bei einigen grammatischen Aktivitäten in der Muttersprache leichte Unterschiede, die auf einen Effekt des vierjährigen Lateinlernens zurückgeführt werden können.

»*Auswirkungen des Lateinunterrichts auf stil- und inhaltsgetreues Lesen ließen sich nicht einmal der Tendenz nach zeigen. Hingegen scheint sich der Lateinunterricht in spezifischen Aspekten auf den Gebrauch der deutschen Muttersprache auszuwirken: Komplexe Sätze werden von Schülern mit Latein als erster Fremdsprache effizienter konstruiert als von Schülern, die Latein gar nicht oder als zweite Fremdsprache hatten.*« Insgesamt ließen die vorliegenden Ergebnisse nur geringe Auswirkungen des Lateinunterrichts auf andere kognitive Bereiche vermuten, die jedoch nicht unterschätzt werden sollten, heißt es in der Studie. Doch dieses Ergebnis wird sofort wieder entschärft durch die Feststellung, daß ein direktes Training im buchstabengetreuen Lesen einen stärkeren Leistungsanstieg bewirkt als ein indirektes Training im Lateinunterricht.

Um es im Slang der modernen Bildungsbürokratie zu formulieren: Lateinunterricht ist eine gesellschaftliche Institution in Grundlagenqualifikationen, deren Transferierbarkeit auf andere Bereiche plausibel unterstellt werden darf.

Es ist müßig, Ihnen weitere Untersuchungen zum Nutzen des Lateinlernens vorzustellen. Sie werden sie entweder kennen oder sie mit Recht ignorieren wollen. Denn die alten Sprachen entziehen sich zum Glück dem platten Utilitarismus des tagespolitischen Bildungsdiskurses, der häufig nur noch nach kurzzeitigen Effekten fragt und um einen Konsens über den Bildungsbegriff erst gar nicht zu ringen wagt. Vor allem die griechische Antike hatte ein Wissensideal, das nicht an der Nützlichkeit orientiert war. Sie wissen, daß das insbesondere für die Philosophie gilt. Aristoteles definiert ja Philosophie geradezu als nutzloses Geschäft und erblickt darin keineswegs einen Nachteil, sondern die Würde der Philosophie.

Ich werde mich hier und heute hüten, Ihnen die sattsam bekannten Vorteile des Lateinlernens aufzulisten, zumal sich solche Aufzählungen bei näherem Hinsehen doch allesamt als ziemlich lächerlich erweisen. Jedenfalls kann ich mir nicht vorstellen, daß Sie der Meinung sind, nur Altsprachler seien zu einem sicheren Gebrauch der Fremdwörter imstande. Das können andere natürlich genauso gut, wenn auch vielleicht mit höherem Aufwand.

Den Sinn oder Unsinn des Sprachenlernens darzulegen ist ähnlich absurd, wie den Sinn und Unsinn eines Religionsunterrichts zu erläutern. In beiden Fällen gilt: Der Zugang zur Welt des Altertums ist nur durch Inhalte, nicht durch Nützlichkeitsbegründungen zu erreichen. Schüler können ihn kaum allein bewältigen, während sie durchaus in der Lage sind, außerhalb der Schule Zugang zu modernen Sprachen zu bekommen. Dennoch gilt es festzuhalten, Altsprachler sind laut Statistiken am ehesten geneigt, all die modernen Sprachen zu lernen, die ihnen in der Schule scheinbar entgangen sind.

Ich möchte meinen Vortrag in zwei Abschnitte gliedern:
1. Die Flucht vor dem Denken ins Wissen: Latein und Computereuphorie, achtjähriges Gymnasium und Fremdsprachenbegeisterung;
2. Überlieferung als kollektiver Erfahrungsschatz.

Die Flucht vor dem Denken ins Wissen: Latein und Computereuphorie, achtjähriges Gymnasium und Fremdsprachenbegeisterung

In nur wenigen Jahren werden alle Bundesländer ihre Gymnasien zu achtjährigen machen. Niemand wird es sich auf Dauer leisten können, seine Schüler ein Jahr länger zum Abitur zu führen, zumal der Erkenntnisgewinn sich in Grenzen halten wird. Gegen das achtjährige Gymnasium läßt sich wenig sagen, wenn sich die Umstellung mit einer grundlegenden Überarbeitung der Lehrpläne für das Gymnasium verbindet und nicht an irgendeiner Stelle in der Mittelstufe einfach Stoff gekürzt wird.

Das achtjährige Gymnasium bietet in zweierlei Hinsicht eine besondere Chance für das Lateinlernen. Zum einen könnte sich die Straffung des Stoffs, die auch von den Schülern mehr verlangt, als Möglichkeit erweisen, das Gymnasium wieder zu der Schulform zu machen, die es eigentlich ist: zu einer studienvorbereitenden, deren Abschluß nicht umsonst Hochschulreife heißt. Wenn das Abitur nach der 12. Klasse in den Ländern, die bisher Abiturientenquoten von 40 Prozent und mehr aufweisen, zu einer Gesundschrumpfung führte, wäre schon viel gewonnen. Aber es ist kein Zufall, daß diese Länder zu den letzten gehören werden, die ihr Gymnasium umstrukturieren. Zum andern hat die Schulzeitverkürzung und jegliche Reaktion auf PISA nur dann einen tieferen Sinn, wenn sie mit dem

Nachdenken über nachhaltige Bildung, Bildungsstandards und Qualitätsanforderungen verbunden wird. Die internationale Konkurrenzfähigkeit deutscher Gymnasiasten hängt nicht an einem Schul- oder Lebensjahr. Vielmehr gilt es jetzt, die Vermittlung von Spezialwissen im Gymnasium aufzugeben und zurückzukehren zu einer fundamentalen Bildung.

Nachhaltige Bildung heißt eben nicht gleiche Bildung für alle, sondern für jeden die Bildung, die seinen Begabungen und Fähigkeiten entspricht, also auch für jeden die Schulform, die ihm entspricht. Humboldts Idee eines dreistufigen allgemeinen Schulwesens hat nie gleiche Bildung für alle beabsichtigt. Ihm war es immer darum zu tun, daß der gymnasiale Unterricht in allen Fächern allgemeinbildend im besten Sinne und nicht berufsspezifisch sei. Dem Mathematikunterricht sollte es nicht auf die Anwendungsmöglichkeiten, sondern auf die mathematischen Operationen an sich ankommen. Den alten Sprachen wies Humboldt die Rolle zu, den Schüler zu befähigen, »*sich in jede gegebene Sprache, nach seiner allgemeinen Kenntnis vom Sprachbau überhaupt, leicht und schnell hineinzustudieren*«. Das klingt formaler, als es eigentlich gemeint war. Denn die Anforderungen in den alten Sprachen waren im humanistischen Gymnasium des 19. Jahrhunderts überaus hoch. Die Lektürelisten nannten nur antike Autoren, bis hin zu den schwierigsten, wie den Tragikern im Griechischen und Tacitus im Lateinischen. Der Primaner mußte in der Lage sein, Cicero und sogar Horaz ohne Vorbereitung zu lesen, also zu verstehen und zu übersetzen. Im Griechischen war dieselbe Leistung für die attischen Prosaiker und Homer zu erbringen. Niemand wird diesen Zustand im Ernst wieder herbeisehnen, zumal viel Humanismus-Begeisterung gegen Ende des 19. Jahrhunderts unter dem Verdacht stand, dem »*erstorbenen Antike-Enthusiasmus*« zu dienen, also ein zweites Weimar herbeizureden.

Als die Humanisten im Jahr 1900 den Lehrplan des überkommenen Gymnasiums dadurch vor weiteren Einbußen im Latein- und Griechischunterricht zu bewahren versuchten, daß sie dem Realgymnasium und der Oberrealschule die volle Gleichberechtigung zugestanden, haben sie dem Gymnasium einen Bärendienst erwiesen. Sie haben die humanistische Bildung an einen Nebenschauplatz verwiesen. Kurzfristig stiegen die Schülerzahlen in den alten Sprachen an, aber das war eine Scheinblüte.

Am entschiedensten wurde die humanistische Bildungstradition hierzulande bei der Einführung der gymnasialen Oberstufe verabschiedet. Das Griechischlernen hat sich damals von selbst erledigt, weil kaum Leistungskurse zustande kamen, und das Lateinlernen reduzierte sich zumeist auf das für das Latinum Notwendige – denn die Differenzierung in ein kleines und großes Latinum hatten die Kultusminister längst im Handstreich abgeschafft. Die humanistischen Bildungsideale sind im Grunde schon im 19. Jahrhundert zerbrochen, als der universale Blick auf Welt und Wissenschaft unmöglich wurde.

Um so mehr bietet die Rückkehr zu Kerncurricula und grundlegender Allgemeinbildung die Möglichkeit, Latein und Griechisch sicher nicht für alle, aber für einige fest zu etablieren.

Nachhaltige Bildung ist heute gefragter denn je – im Sinne Humboldts allerdings sicherlich nicht eine Stärkung der berufsvorbereitenden Fächer im Gymnasium. Gerade das Gymnasium muß freigehalten werden von den modischen Anforderungen des Tages. Arbeitslehre etc. haben dort nichts zu suchen, übrigens auch nicht die Verwässerung des Geschichtsunterrichts zu Sozialkunde. Geschichte muß ein eigenständiges Fach bleiben. Sozialkunde und Volkswirtschaftslehre können hinzukommen, aber sicher nicht als Ersatz für den Geschichtsunterricht.

Mit gymnasialer Bildung ist ein unerläßliches Kernwissen gemeint, aber vor allem die Fähigkeit, selbständig mit Wissen umzugehen, es zu strukturieren und – um das wichtigste zuletzt zu nennen: Sprachfähigkeit. Sprachfähigkeit meint in erster Linie lesen können. Die biblische Frage »*Verstehst du auch, was du da liesest?*« (Apg 8,30) gewinnt an Aktualität. Querlesen, Überfliegen, sich vor schwierigen, kaum zugänglichen Texten zu drücken, ist gang und gäbe. Latein und Griechisch üben im mikroskopischen Lesen, im Konstruieren der auf den ersten Blick unüberschaubaren Satzgebilde und zwingen dazu, sich intensiv auf die Suche nach einer differenzierten Aussage zu machen. Keine moderne Sprache kann dafür Ersatz bieten, auch schwierige muttersprachliche Texte nicht.

Zumindest das Lateinlernen böte die Grundlage für die Schlüsselfähigkeit des lebenslangen Lernens schlechthin, für die Sprachfähigkeit. Wer Latein und Griechisch gelernt hat, ist offensichtlich eher bereit, später mehrere moderne Sprachen zu lernen, weil sie ihm allesamt leichter erscheinen und er Routine im Sprachenlernen gewonnen hat. Im Unterschied zu den alten Sprachen läßt sich der Zugang zu den neuen Sprachen auch außerhalb der Schule finden. Deshalb plädiere ich dafür, Latein zumindest in den sprachlichen Gymnasien gleichzeitig mit einer modernen Sprache als Eingangssprache lernen zu lassen oder die zweite Sprache auf die Quinta vorzuziehen.

Ich meine, in der Grundschule würde es genügen, solide Grundlagen des Deutschen zu legen. Das Fremdsprachenlernen in der Grundschule zählt zu den Adiaphora und wird dann nachteilig, wenn die Stunden für die Fremdsprache vom Deutschunterricht abgehen. Außerdem gibt es noch in keinem Bundesland ein wirklich überzeugendes Konzept für die Fortbildung der auf Fremdsprachenunterricht überhaupt nicht vorbereiteten Primarschullehrer. Selbst bei viel gutem Willen und Sprachbegabung ist eine Hürde fast unüberwindlich: Das frühe Fremdsprachenlernen steht und fällt mit einer eigenen Didaktik des Hörverstehens. Zum einen ist diese Didaktik bis heute nicht entwickelt, zum andern sind die jetzt unterrichtenden Lehrer mit einem auf das Schriftliche fixierten Unterricht auch in den modernen Sprachen groß geworden. Daran hat die Begeisterung für das Sprachlabor in den siebziger Jahren wenig geändert. Gerade einen Altsprachler muß es ziemlich grausen bei der Vorstellung, daß etwa nach dem baden-württembergischen Modell des frühen Sprachenerwerbs – von den sogenannten spielerischen Begegnungsmodellen will ich gar nicht erst reden – zwei Jahre nur dem Hören nach gesprochen werden soll, während dann erst an Niederschreiben gedacht ist. Vor allem für sprachbegabte Kinder scheint mir dies der falsche Weg zu sein. Erst in einigen Jahren wird man sehen, wie sich verschiedene Fremdsprachendidaktiken auf die Lateinkenntnisse auswirken.

Gleichwohl gäbe es nichts Schädlicheres für Latein und Griechisch als eine Frontstellung gegen die modernen Fremdsprachen. Wenn schon, sollten Altphilologen immer auf die Synergieeffekte der alten und modernen Sprachen und die völlig unterschiedlichen Zugangswege setzen. Das europäische Gymnasium in Baden-Württemberg scheint mir vielversprechend. Allerdings müßte sich dafür auch die Fremdsprachendidaktik ändern. Solange Schüler nur *aveugle* (blind) im Französischunterricht lernen, nicht aber *la cécité* (die Blindheit), werden sie außerstande sein, den Zusammenhang zum lateinischen Ursprung und zum italienischen *cieco* herzustellen. Niemand soll behaupten, Schüler mit zwei alten und zwei modernen Fremdsprachen seien überfordert. PISA hat doch erwiesen, daß deutsche Schüler unterfordert sind.

Im Saarland, das bereits im ganzen Land achtjährige Gymnasien eingeführt hat, zeigt sich schon jetzt, was die Schulzeitverkürzung für das Lateinlernen bedeutet. Auch wenn der Kultusminister stolz darauf hinweist, daß die Lateinschüler nicht weniger geworden seien, ist das nur die halbe Wahrheit: Es handelt sich nämlich nur um Latein als dritte Sprache. Das grundständige Latein ist im Zuge der Schulzeitverkürzung nahezu von der Bildfläche verschwunden.

Baden-Württemberg hat das achtjährige Gymnasium jahrelang erprobt und dabei die Erfahrung gewonnen, daß die Anmeldezahlen an den humanistischen Gymnasien nur dadurch zu steigern sind, wenn gleichzeitig eine moderne Sprache angeboten wird – und zwar möglichst die in der Grundschule begonnene.

Es wäre fatal, wenn Latein nur noch als dritte Fremdsprache gewählt würde, denn Schüler kämen dabei allenfalls in der Besenkammer der klassischen Dichtung an, die Prunksäle blieben ihnen vorenthalten. Auf diese Weise würden unnötige Vorurteile über den Lateinunterricht bestätigt. Hinter dem Wahlverhalten vieler Schüler stecken ja auch die Enttäuschungen der Eltern oder Bekannten über den Lateinunterricht. Wer im Lateinunterricht über die Militärstrategie des *Bellum Gallicum* nicht hinausgekommen ist, muß doch ein bemitleidenswerter Mensch sein. Ich habe beim letzten Deutschen Altphilologenkongreß mit Freude vernommen, daß inzwischen auch Plinius und andere Autoren gelesen werden, bin ich doch selbst einigermaßen Caesar- und Cicero-geschädigt, was meiner Begeisterung für das Latein allerdings keinen Abbruch getan hat.

Meine sehr verehrten Damen und Herren, Sie werden sich vielleicht wundern, daß ich an dieser Stelle noch ein paar Worte zur Computereuphorie in den Schulen sage, die nur auf den ersten Blick nichts mit dem Latein- und Griechischlernen zu tun hat. Denn Forscher bestätigen inzwischen, was zunächst nur vermutet wurde: Mit dem zunehmenden Gebrauch von Internet und Computer droht eine Art kollektiver kultureller Alzheimer: Die Informationsflut führt zu einem rasanten Erinnerungsverlust.

Plato hat schon vor fast 2 400 Jahren davor gewarnt, den vermehrten Einsatz von Hilfsmitteln mit größerer Einsicht gleichzusetzen. Im Dialog Phaidros formuliert er seine Befürchtung so: *»Denn im Vertrauen auf die Schrift werden sie ihre Erinnerungen mithilfe geborgter Formen von außen heranholen, nicht von innen aus sich selbst herausziehen; ... so daß sie sich vielwissend dünken werden, obwohl sie größtenteils unwissend sind, und schwierig im Umgang sein, weil sie scheinweise geworden sind statt weise«*.

Niemand wird im Ernst etwas dagegen haben, den Umgang und sinnvollen Gebrauch der elektronischen Informationssysteme auch in der Schule einzuüben. Aber der Umgang mit dem Computer kann kein Bildungsziel sein, sondern allenfalls ein Bildungsmittel. Vor einer völligen Computerisierung von Schule und Universität hat jedoch der amerikanische Computerfachmann und Internetexperte Clifford Stoll zu Recht gewarnt. Zwar ist sein Buch so geschrieben wie das Sujet seiner Beschreibung beschaffen zu sein scheint. Indessen können seine Berichte aus den Vereinigten Staaten nur warnen. Dort sind Schulbibliotheken und Musikräume zugunsten der Computerräume verschwunden. Ein Virus an einem einzigen Schülerlaptop kann den Unterricht eine ganze Stunde lang blockieren.

Aber es geht um wesentlich mehr. Amerikanische Forscher aus Ohio haben nachgewiesen, daß der gedruckte Text nicht nur leichter zu verstehen, sondern vor allem einprägsamer ist. Denn die Arbeit am Bildschirm entspricht nicht den ganzheitlichen Wahrnehmungsbedürfnissen des Auges. Eine totale Computerisierung, die es hierzulande hoffentlich nicht geben wird, unterfordert auf Dauer die Psychomotorik. Blättern, Unterstreichen, Kommentieren und Exzerpieren sind offenbar wichtiger für Verstehen und Lernerfolg als vermutet.

Das Computerwissen indessen verspricht Gewißheit und Konsens, unterstützt aber die Neigung, vor dem Denken ins Wissen zu fliehen. Diese Tendenz ist bei Erwachsenen äußerst ausgeprägt, die seit langem mehr Sachbücher als literarische Werke kaufen und aktiv oder passiv an den unzähligen Quiz-Sendungen im Fernsehen teilnehmen. Sie zeigt sich aber auch bei Schülern, die zwar über Wissen verfügen, aber weniger denn je zu Transferleistungen, Problemlösungen und eigenständigem Denken in der Lage sind.

Wer nicht wirklich lesen kann, also nicht in der Lage ist, sich Texte zu eigen zu machen und sie mit Wissen und Erfahrung in Verbindung zu setzen, ist im Grunde nicht ausbildungs- und weiterbildungsfähig. Lesen ist und bleibt die wichtigste Voraussetzung für bildungsabhängige Karrieren.

15 Prozent der Lehrstellenanwärter sind wegen nicht geglückter Alphabetisierung nicht vermittelbar. Ausbilder, Lehrbetriebe und Hochschulen klagen über die sinkende Sprach- und Lesefähigkeit deutscher Schulabgänger. In der Tat gibt es kein Land, das der Muttersprache so wenig Schulstunden zubilligt wie Deutschland.

Der Deutschunterricht könnte doch auch den Zugang zu schwierigen Texten eröffnen, wird mancher einwenden. Grundsätzlich ist das sicher richtig. Aber auch der Deutschunterricht ist doch längst zum Opfer der ermäßigten Anforderungen geworden. In den Grundschulen ist der geforderte Mindestwortschatz für den Deutschunterricht gesenkt worden, und wer hierzulande einen festen Literaturkanon fordert, über den es bei näherem Hinsehen gar keinen großen Dissens gibt, wird alsbald das Hohngelächter aus verschiedenen Ecken hören. Viele Deutschlehrer sind doch längst dazu übergegangen, fast nur noch Gebrauchstexte oder moderne Literatur zu lesen. Sie sind den Klagen der Schüler über Leseanstrengung und wenig vertraute Sprache gewichen. Denn das Lesen schwieriger Texte fordert Ausdauer und Konzentrationsvermögen.

Insofern könnten Latein und Griechisch eine Schlüsselrolle im Bildungsprozeß spielen. Es ist ja kein Zufall, daß die Absolventen humanistischer Gymnasien nur selten ein altphilologisches Studium aufnehmen, sondern begeistert sind, wie die Welt der Antike ihnen den Eintritt in die Moderne eröffnet hat und sich ihre Bildungsbiographie auch in ein späteres Managerdasein einfügt.

»Wir alle sind, was wir gelesen haben«, hat Golo Mann seinen Essayband zur Literatur überschrieben. Indem sich Kinder Geschichten hingeben, erschließen sich neue Lebenswelten und lehren sie die geistige Selbständigkeit. Früh tauchen sie ein in ein System von Symbolen und Zeichen und schulen Kreativität und Phantasie.

Die Lernphase, in der Lesekompetenz erworben wird, ist sehr kurz. Die ersten vier bis acht Lebensjahre sind für die Sprachkompetenz am wichtigsten, die Leselust muß sich spätestens vom zwölften Lebensjahr bis zur Pubertät entwickelt haben. In der frühen Kindheit entwickelt sich das Gehirn in einem Tempo, das später nie wieder erreicht wird.

Alle entscheidenden Fähigkeiten, die bestimmend dafür sind, wie ein Kind in der Schule lernt und im späteren Leben Beziehungen aufbaut, hängen von der Fürsorge ab, die ihm im Kleinkindalter von Eltern und Betreuern zuteil wird.

Emotionale Intelligenz, Wissensdurst, Zielgerichtetheit, Selbstbeherrschung sowie Kommunikations- und Kooperationsfähigkeit werden im frühesten Kindesalter erlernt. Das hat die Unicef-Untersuchung »Zur Situation der Kinder in der Welt« vom vergangenen Jahr aufgrund hirnphysiologischer Untersuchungen bekräftigt.

Um so alarmierender sind die Ergebnisse bei der Einschulung untersuchter Kinder. 20 bis 22 Prozent zeigen klinisch relevante Sprachentwicklungsstörungen. Die Hälfte der Kinder müssen logopädisch oder sprachtherapeutisch behandelt werden. Genauso hoch ist der Anteil der Kinder, die motorische Entwicklungsstörungen aufweisen.

Wenn schon nach Synergieeffekten der alten Sprachen gesucht wird, ergibt sich aus diesen Erkenntnissen ein Plädoyer für das grundständige Latein. Und das grundständige Latein sollte nicht erst nach einer Orientierungsstufe im siebten Schuljahr beginnen, sondern im fünften Schuljahr. Latein sollte Eingangssprache sein, welche moderne Sprache auch immer damit kombiniert wird. Denn Latein lehrt den reflektierenden Spracherwerb, das Übersetzen ins Deutsche und das mikroskopisch genaue Lesen.

Fatal ist übrigens, daß die Rechtschreibreform das Ihre dazu beiträgt, den kleinen Verlagen das Wasser abzugraben. Sie verlegen lateinische und griechische Texte in einer Aufmachung, die sich noch vor zwanzig Jahren kein Schüler hätte träumen lassen, sind aber besonders gefährdet durch ständige Nachbesserungen an der Reform, die unterhalb der kultusministeriellen Ebene, durch die Wörterbücher, lanciert werden.

Aber Latein und PC sind durchaus kompatibel: Kaum eine andere Geisteswissenschaft nutzt die Möglichkeiten des modernen Internets so intensiv und konsequent wie die alten Sprachen – und immerhin können Lateiner dann auch noch etymologisch erklären, warum PC und alte Sprachen kompatibel sind – wegen pati, Sie wissen schon …

Überlieferung als kollektiver Erfahrungsschatz

Wenn schon von nachhaltiger Bildung die Rede sein soll, dann muß von Inhalten die Rede sein. Nachhaltigkeit entzieht sich sowohl dem Nützlichkeitsdenken wie der aktuellen Verwertbarkeit, sie entzieht sich auch dem Machbarkeitswahn, der kein modernes Thema ist.

Der Berliner Philosoph Michael Theunissen, der im vergangenen Jahr ein nahezu tausendseitiges Buch über Pindar veröffentlicht hat, sagte vor kurzem in einem Gespräch, solange die Menschen sich nicht vom Machbarkeitswahn zu befreien vermögen oder zumindest zu der Einsicht gelangten, daß Machbarkeit nicht alles bedeuten kann, bestehe kaum noch einmal eine Chance, in ein authentisches Verhältnis zur Antike zu kommen. Aber, gibt Theunissen zu bedenken, ohne ein authentisches Verhältnis zur Antike kommen wir auch nicht zu einem authentischen Verhältnis zu uns selbst.

Aber der Machbarkeitswahn ist nicht erst durch die moderne bioethische Debatte in die Welt gekommen. In einer seiner späten Oden, in der 11. Nemeischen, sieht Pindar unser Hauptelend darin, daß wir diesem Machbarkeitswahn verfallen sind. Ich zitiere die letzten Verse der 11. Nemeischen Ode in der Übersetzung Theunissens: »*So leitet auch die sterblichen Geschlechter das Schicksal. Das von Zeus Kommende fällt Menschen nicht als sicheres Zeichen zu. Aber trotzdem kommen wir mit größenwahnsinnigen Ambitionen daher, vielerlei Taten im Sinn. Denn gefesselt an scheuloses Streben die Knie: wir machen keinen Gebrauch von den Quellen der Voraussicht. Im Jagen nach Gewinn bedürfen wir des Maßes – aus nicht zu befriedigenden Begierden entstehen nur heftigere Anfälle von Raserei.*«

Eindrucksvoll legt Theunissen dar, wie der Kern der Pindarschen Dichtung offenbar erst freigelegt werden muß, weil seine Hymnen die Überlieferungsgeschichte geprägt haben und ihn deshalb in das Zwielicht einer herrschaftslegitimierenden Ideologie geraten ließen. Theunissen verfolgt mit seiner Pindar-Arbeit vor allem philosophische Interessen. Er will etwa darlegen, daß die Vorsokratiker eine verhältnismäßig unbedeutende Rolle spielten, die Griechen der ersten Jahrhunderte aber ihre Weisheit in der Dichtung suchten. Denn Philosophie ist ja ein später, erst nach dem Ende der lyrischen Epoche aufgekommener Begriff, im Grunde ein Rückzugsbegriff. Durch das φίλο- im Sinne von Streben nach Weisheit und Wahrheit, die wir nicht besitzen, bringt er eine Bescheidenheit zum Ausdruck. Philosophie in diesem Sinne hat sich erst mit Sokrates, also der sokratischen Wendung abendländischen Denkens, etabliert. Theunissen erinnert daran, weil leicht vergessen wird, daß σοφίη, also Weisheit, für die frühen Griechen in der *Dichtung* zu finden war.

All das eröffnet neue Perspektiven, vor allem wenn dann noch flankierend im Deutschunterricht die Antiken-Rezeption der Weimarer Klassik behandelt würde. Der altsprachliche Unterricht bietet sich geradezu an für fächerübergreifende Projekte, die Begeisterung der Lehrer und ihrer Schüler vorausgesetzt.

Es geht nicht darum, den historischen Pindar als museale frühgriechische Dichterfigur wieder auferstehen zu lassen, sondern darum, mit der Tradition so umzugehen, daß heutige Rezipienten ihren Erfahrungshorizont nicht verleugnen. Sie müssen sich die Gestalten der Vergangenheit gewissermaßen aus ihrer Sicht neu aneignen.

Das bedeutet freilich auch, sich auf zunächst fremde Texte wirklich einzulassen, auch wenn sie ihre Beziehung zu den eigenen Erfahrungen erst später offenbaren. Es wäre geradezu fatal, Überlieferung nur unter dem Gesichtspunkt zur Kenntnis zu nehmen, was mir jetzt und hier wichtig zu sein scheint.

Allerdings muß sich der altsprachliche Unterricht sehr wohl darum bemühen, Texte auszuwählen, die den Schülern die Möglichkeit zumindest eröffnen, sie mit ihrer eigenen Lebenswelt in Beziehung zu setzen.

Gleichzeitig müssen Sie als altsprachliche Lehrer glaubwürdig den Eindruck vermitteln, daß Ihnen persönlich an diesen Texten liegt, daß Sie mit ihnen leben und daß Sie die Quellenlektüre auch nach dreißig Jahren Schuldienst noch nicht aufgegeben haben. Die Schüler müssen das Gefühl haben, Sie sind so begeistert von griechischen Texten, daß Sie abends statt Donna Leon Thukydides oder Pindar im Original lesen. Erst dann werden sie glauben, daß es mit dem sperrigen Textcorpus der Überlieferung wirklich etwas auf sich hat, daß es sich lohnt, die Hürden des Verstehens zu überwinden, um hinterher einzutauchen in eine eigene Welt.

Überlieferung ist genaugenommen der kollektive Erfahrungsschatz, der sich von Generation zu Generation angesammelt hat. Es ist der kulturerzeugende und kulturprägende Traditionsstrom eines epochenübergreifenden kulturellen Lernens, Empfangens, Weitergebens, Aufnehmens. Die europäische Welt fußt im wesentlichen auf zwei Überlieferungssträngen, die sich zunächst getrennt ausformten und entfalteten, sich sodann verbanden und höchst spannungsvoll vermischten, sich verflochten und entflochten und inzwischen fast unsichtbar geworden sind, von manchen auch ohne Not verabschiedet wurden. Es ist zum einen die griechisch-römische Antike, zum andern die hebräisch-griechische Welt der Bibel. Es wäre hybrid und wirklichkeitsfremd, Latein, Griechisch und Hebräisch wieder als sprachlichen Pflichtkanon zu fordern. Im Zweifelsfall würde ich mich auch für Griechisch, die differenzierte und gegenüber dem Hebräischen erheblich schwerere Sprache entscheiden. Es muß zumindest eine stattliche Zahl von Gymnasiasten geben, die beide alten Sprachen kennen- und liebengelernt haben.

An die beiden europäischen Traditionen zu erinnern, hat inzwischen geradezu altväterliche Züge angenommen. Es hat etwas von der bildungsbürgerlichen Hoffnungslosigkeit eines Plädoyers für das altsprachliche Gymnasium, das sich wie eine einsame Sozialstation eines pflegebedürftig gewordenen Geistes im Schatten der praxis- und berufsfeldbezogenen Ausbildungsofferten ausnimmt.

Es droht in der Tat ein dramatischer Kontaktriß zur Überlieferung, aus der wir kommen, eine kollektive Amnesie gegenüber der eigenen Herkunft. In einer ständig auf Modernisierung und Innovation, vor allem aber auf Nützlichkeit und Effizienz versessenen Welt »*wird Tradition ein knappes Gut*«. Die Folgen dieses Vorgangs sind nicht so harmlos, wie manche gerne hätten. Schon die individuelle Biographie wird durch Erinnerungsverluste erheblich in Mitleidenschaft gezogen. Ein Mensch mit Gedächtnislücken und beschädigter Erinnerungsfähigkeit büßt wertvolle Orientierungsmöglichkeiten ein.

Aber was ist erst von einer Kultur zu halten, die im Begriff ist, ihr kulturelles Gedächtnis zu verlieren? Es ist nicht übertrieben, von einer gewollten Selbstentwurzelung zu sprechen. Karl Jaspers hat die Tragweite dieses Vorgangs schon vor siebzig Jahren erkannt. Er hat den Traditionsabbruch als Ausdruck einer Bildungsfeindlichkeit gesehen, »*die den Gehalt geistigen Tuns auf das technische Können und das Aussprechen des Minimums des nackten Daseins reduziert*«. Aber ohne geschichtliche Erinnerung »*welche als solche nicht ein bloßes Wissen von Vergangenem, sondern gegenwärtige Lebensmacht ist…, würde der Mensch Barbar*«. Jaspers forderte lebendige Aneignung des Geschichtlichen, den Dialog mit der eigenen Überlieferung. »*Man weiß nie zu viel über Sprachen und womöglich einige neuere. Man weiß nie zu viele Sprachen. Und so viel oder wenig man gewußt habe, darf man die Übung nie völlig einschlafen lassen. Gute Übersetzungen in Ehren – aber den originalen Ausdruck kann keine ersetzen und die Ursprache ist in Wort und Wendung schon selber ein historisches Zeugnis höchsten Ranges«*, schreibt Jakob Burckhardt in seinem Studium der Geschichte.

Es geht nicht um den Eintritt in Museen und touristische Antiquitäten, auch nicht um den Eintritt in die zu jener Zeit noch unvorstellbaren Datenbänke der Historiker, sondern um den Eintritt »*in einen geistigen Raum, in dem ich aus eigenem Ursprung ich selbst werde*« (Jaspers, Die geistige Situation der Zeit).

In der Begegnung mit der Überlieferung, in der aneignenden Zwiesprache mit ihren Texten und Symbolen, reifen selbsterworbene und selbstgewonnene Einsicht und Erkenntnis, gewinnt der Mensch die Möglichkeit, aus eigenem Ursprung er selbst zu sein. Er gewinnt auch die Fähigkeiten, die Wirtschaftsvertreter mit Vorliebe als Schlüsselqualifikationen bezeichnen, was auch immer das im einzelnen sein mag. Es geht um Konzentrationsfähigkeit, Belastbarkeit, Genauigkeit, Offenheit für Fremdes und Neues, Kreativität, Leistungswille und vor allem eine begründete Urteilskraft, die sich mit keinem Ethikunterricht der Welt entwickeln läßt.

Das ist im Kern das Ziel des eigentlichen Bildungsvorgangs, zu einer eigenständigen Person gebildet werden. Nur dann gelingt es auch, sich den Konformisierungsmechanismen der Massengesellschaft zu entziehen, eine eigene Meinung zu bilden und vereinnahmenden Fremdbestimmungen gegenüber kritische Distanz zu bewahren. Nicht von ungefähr haben die Erziehungswissenschaften den Bildungsbegriff schon in den sechziger Jahren verabschiedet.

Das Gespräch mit der Überlieferung, der des Denkens wie der des Glaubens, ist die Grundlage jeden Bildungsvorgangs, ganz gleich wie hinterher die persönliche Haltung zu dieser Überlieferung begründet wird. Aber gekannt werden muß sie erst einmal. Denn mit der Zerstörung der Erinnerung würde der Mensch sich selbst vernichten (Jaspers). Jaspers hält auch einen Trost für diejenigen bereit, die angesichts der Fülle der Überlieferung nicht wissen, wo sie anfangen sollen. *»Wahre Bildung will lieber in einem Minimum von Aneignung ursprünglich selbst sein, als in der großartigsten Welt sich in Verwechslungen verlieren«.* Angesichts einer neuen Vorherrschaft der Lebenswissenschaften und einem Zurücktreten der Geisteswissenschaften auch an den klassischen Universitäten gewinnt dies an Aktualität.

In seiner Monographie »Überlieferung« hat der Münsteraner Philosoph Josef Pieper die beiden Gattungen menschlicher Wissenschaft so erläutert. Die erste Wissenschaftsform beruht auf Erfahrung und dem Vernunftargument – der Prototyp dafür wäre die Physik, die zweite Gattung beruht auf Überlieferung und Autorität. Der Prototyp dafür ist die Theologie. Die Theologie hat in den letzten Jahren im Konzert der Wissenschaften einen ähnlichen Bedeutungsverlust hinnehmen müssen wie die Altphilologie und die Philosophie, sie ist dennoch in einer ungleich besseren Lage. Sie hat immer noch die Kirchen als Lobby hinter sich. Allerdings halten die bekanntlich immer weniger von ihrer eigenen Theologie.

Pieper beschreibt die Folgen des Traditionsabbruchs so: *»Wahrscheinlich gehört es zu den unheilvollsten Dingen, die auf diesem Planeten geschehen, daß eine säkularistische Weltzivilisation, die im Begriff zu sein scheint, den Boden ihrer großen Überlieferung endgültig zu verlassen und zu verraten, nun alle übrigen Kulturen zur Preisgabe ihrer eigenen Tradita und also zur Selbstentwurzelung nötigt, mit der Konsequenz, daß selbst die heroischesten Bemühungen um eine tiefergreifende ›Verständigung‹ fast notwendig vergeblich bleiben«.*

Wer allerdings versucht, in den gängigen philosophischen Wörterbüchern zu den Begriffen »Überlieferung« und »Tradition« Auskunft zu erhalten, wird enttäuscht. Die Stichworte kommen in den Wörterbüchern nicht vor. In den theologischen Nachschlagewerken werden sie in ärgerlicher Weise theologisch vereinnahmt, als gebe es nicht einen umfassenderen präzisierbaren Begriff von Überlieferung und Tradition. Ganz gleich, ob ein Lied, eine Fertigkeit, ein Brauch, eine Verhaltensnorm, eine Erkenntnis, eine Lehre oder ein Text überliefert werden, eines ist allen Tradita gemeinsam: Es handelt sich um etwas, das die Qualität hat, von einem Menschen zum andern empfangen und weitergegeben werden zu können. Deshalb kommt dem altsprachlichen Lehrer auch eine Schlüsselfunktion zu. Von dem Überbringer des Traditum hängt dessen Wirkungskraft in nicht unwesentlichem Maße ab. Aber das Überlieferte muß auch ganz unabhängig von seinem Überbringer sprechen können, kraft seines Inhalts. Während keiner auf die Idee käme, einen Mathematiker dazu zu zwingen, den Sinn oder Unsinn des Mathematikunterrichts zu begründen, befinden sich Latein- und Griechischlehrer in ständigem Rechtfertigungsdruck. Lassen Sie sich auf die Frage »was bringt's« nicht ein, sie führt zu nichts. Die Würde des Latein- und Griechischlernens liegt darin, daß sie sich dem Utilitarismus entzieht.

Die Klage über den Verlust der Tradition hat ihrerseits Tradition, aber auch nichts von ihrer Aktualität eingebüßt. In einer scharfsinnigen Diagnose hat Friedrich Nietzsche, dessen Schulschriften zu Unrecht in Vergessenheit geraten sind, schon 1890 gemeint: »*Was heute am tiefsten angegriffen ist, das ist der Instinkt und der Wille der Tradition; alle Institutionen, die diesem Instinkt ihre Herkunft verdanken, gehen dem modernen Geist wider den Geschmack.*« Sie können sicher sein, zu diesen Institutionen gehört auch das humanistische Gymnasium. Und gerade deshalb gilt es, wider alle Zeitströmungen, daran festzuhalten und es nicht kurzlebigen Nützlichkeitserwägungen zu opfern. Sie als Altphilologen sind, neudeutsch ausgedrückt, die Funktionseliten der humanistischen Gymnasien. Von Ihrer Glaubwürdigkeit hängt auch die Zukunft der alten Sprachen ab. Aber seien Sie versichert, Sie tun vermutlich wesentlich mehr für nachhaltige Bildung als all die Politiker, die inzwischen gerne Sonntagsreden zu dem populär gewordenen Thema führen.

Auf den Philosophen Gerhard Krüger geht die resignative Feststellung zurück: »*Wir leben nur noch von unserer Inkonsequenz, davon, daß wir nicht wirklich alle Tradition zum Schweigen gebracht haben ... Wir gehen der radikalen Unmöglichkeit der sinnvollen und gemeinsamen Existenz entgegen, obwohl sich dieses Ende niemand vorstellen kann*« (aus: »Geschichte und Tradition«). Wer nichts von der Tradition weiß, hat es leicht, sich ihr zu verweigern. Deshalb gehören Latein und Griechisch auch im modernen, achtjährigen Gymnasium zu den unverzichtbaren Bestandteilen des Fächerkanons. Die Widerstände gegen diese Einsicht werden eher wachsen als nachlassen. Die Angst der Eltern vor dem Latein wird nicht geringer, zumal die Anzahl derer steigt, die selbst keinen Zugang zu den alten Sprachen bekommen haben.

Meine sehr verehrten Damen und Herren, allem Traditionsabbruch und pessimistischen Studien zum Trotz, liegt im neuen Nachdenken über nachhaltige Bildung und den Bildungsbegriff als solchen eine besondere Chance für die alten Sprachen. Nachhaltige Bildung ist kein technokratischer Modernitätsbegriff, sondern nur über Bildungsinhalte zu füllen. Da ich den Fehler gemacht habe, mein schönstes Zitat schon in einem Leitartikel zu veröffentlichen, mußte ich damit rechnen, daß ein anderer Festredner es vorweg nimmt.

Da der Kollege Sommer Jakob Burckhardt zitiert hat – »*Wir wollen durch Erfahrung nicht so wohl klug (für ein andermal), als vielmehr weise (für immer) werden*« – will ich Sie, angesteckt vom *genius loci* und der Nähe Weimars, an Schillers Xenien erinnern:

»Tote Sprachen nennt ihr die Sprache des Flaccus und Pindar und von beiden her kommt, was in der unsrigen lebt.«

Latein und Griechisch eröffnen wie kaum ein anderes Fach einen Zugang zu den Grundlagen unserer Zivilisation.

Matthias Rößler

Sächsischer Staatsminister für Kultus

Grußwort zum Kongress des Deutschen Altphilologenverbandes

Ich habe die erfreuliche Aufgabe, Sie im Namen des Schirmherrn, Ministerpräsidenten Kurt Biedenkopf, im Freistaat Sachsen zu begrüßen und, was mich natürlich besonders freut, hier in meiner eigenen Vaterstadt Dresden. Ich möchte den Reigen der Grußworte auch nicht zu sehr in die Länge ziehen, weil ich ebenso gespannt bin wie Sie auf den Festvortrag von Herrn Prof. Schröder. Trotzdem erlauben Sie mir einige grundsätzliche Anmerkungen, die mir wichtig sind und die ich bei Ihnen gut aufgehoben weiß.

Über die PISA-Studie ist viel geschrieben und noch mehr gesagt worden. Manches von dem, was wir in den Zeitungen lesen, kommt uns bekannt vor, weil es schon eine Weile in den Schubladen von Experten oder Nicht-Experten schlummerte und nur darauf wartete, bei passender Gelegenheit wieder hervorgeholt zu werden.

Ich halte verschiedene Ergebnisse der PISA-Studie für sehr bedenkenswert, aber einen Punkt für eine besondere Herausforderung: die besorgniserregend schlechte Lesefähigkeit der Schülerinnen und Schüler. Wenn fast ein Viertel der 15-jährigen Schüler nur über elementare Lesekenntnisse verfügen, und wenn auch unser Gymnasium zwar solide ist, aber nicht die Spitzenleistung ereicht, die wir immer angenommen haben, dann erschüttert das natürlich unser Selbstbewusstsein und die Grundfesten des Bildungswesens.

Denn Lesekompetenz und textanalytische Fähigkeiten sind die wichtigsten Voraussetzungen, um die Lerninhalte anderer Fächer überhaupt erst zu erschließen. Wer nicht in der Lage ist, differenzierte Textaussagen zu verstehen, der wird auch in den anderen Fächern nach und nach den Anschluss verlieren. Lesen ist das wichtigste Rüstzeug, das Schule vermittelt – nicht nur eine Basisleistung, die in der Grundschule am Platz ist, sondern eine fundamentale Fähigkeit, die kontinuierlich geübt und weiterentwickelt werden muss.

Aber betreffen die PISA-Ergebnisse wirklich nur den staatlichen Bildungsauftrag, oder wird nicht schlaglichtartig ein viel tiefergehendes Phänomen sichtbar, vielleicht auch Probleme, die in unserer Gesellschaft insgesamt angelegt sind?

Wenn 42 Prozent der deutschen Schüler angeben, nicht zum Vergnügen zu lesen, und fast ein Drittel der 15-jährigen der Ansicht sind, für sie sei Lesen Zeitverschwendung, dann haben wir ein Problem, das die Schule nicht allein beheben kann.

Wir haben ein Problem mit dem Stellenwert, den Bildung und Kultur heute in Deutschland haben. In diesem Bereich tragen Eltern Verantwortung, und aus dieser Verantwortung dürfen wir weder die Eltern noch diese Gesellschaft entlassen.

Wohlstand und sozialer Aufstieg haben sich in den vergangenen Jahrzehnten oftmals von Bildung und Teilhabe am kulturellen Leben abgekoppelt. Das gilt zumindest für Teile der Eltern der heute 15-jährigen in der »Spaß- und

Freizeitgesellschaft«. Das Problem dabei ist, dass es sich eigentlich nur diese Elterngeneration leisten konnte, auf Bildung und Kultur als angeblich nutzlosen und mit anderen Freizeitangeboten konkurrierenden Zeitvertreib zu verzichten. Für ihre Kinder gilt das nicht mehr.

Denn PISA hat bewiesen: Wer sich trotz sozialen Aufstiegs und Wohlstands nicht um Bildung und Kultur bemüht, der erhält die Quittung in der nächsten Generation. Vielen der 15-jährigen fehlt eine Bildungs- und Kulturerfahrung aus dem Elternhaus, die die Schule nicht vollständig ausgleichen kann. Der alte Grundsatz, dass Bildung Aufstiegschancen eröffnet und ein Fortkommen auf der sozialen Leiter ermöglicht, gilt umgekehrt auch. Wer nicht das nötige kulturelle Rüstzeug mitbekommen hat, der wird sich Gedanken über seine berufliche Zukunft machen müssen. Und wer seinen Kindern nicht vorliest, sie statt dessen vor den Fernseher setzt und ihnen lieber die neuesten Computerspiele als Bücher schenkt, der darf sich nicht über fehlende Lesekenntnisse wundern.

Ich möchte hier nicht allein den Eltern die Schuld zuweisen und von den Versäumnissen der Schule ablenken. Ich möchte aber darauf hinweisen, dass die Schule ohne die Unterstützung aus dem Elternhaus bei ihren Aufgaben überfordert ist. Wir brauchen deshalb eine neue Partnerschaft zwischen Schule und Elternhaus. Eine Erziehungspartnerschaft, die uns dabei hilft, den Hunger auf Bildung zu wecken. Den Hunger auf eine Bildung, die sich nicht nur in einer Zulieferfunktion für den Arbeitsmarkt erschöpft. Sondern den Hunger auf eine Bildung, die wieder den ganzen Menschen in den Mittelpunkt rückt und die Ausbildung seiner Persönlichkeit, seiner Fähigkeiten und Talente ernst nimmt.

Ein solcher Bildungsbegriff kann ohne die klassischen Sprachen nicht auskommen. Latein und Griechisch erfüllen nicht nur die Funktion von »Hilfsfächern« zum Erlernen moderner Fremdsprachen. Auf diese funktionale Argumentation sollten wir uns nicht einlassen. Der Wert der klassischen Sprachen besteht auch nicht nur darin, die textanalytischen Fähigkeiten besonders zu schulen. Nein, Latein und Griechisch eröffnen wie kaum ein anderes Fach einen Zugang zu den Grundlagen unserer Zivilisation, die bis heute unbestreitbar wirksam sind.

Diesen Zugang müssen wir für möglichst viele Schülerinnen und Schüler offen halten. Und eines muss man auch sagen: Latein zu lernen – ich weiß es aus eigener familiärer Erfahrung – kann einem, um mit Luther zu sprechen, sauer werden. Es ist nicht ganz einfach, daran müssen wir auch erinnern. Es geht aber nicht darum, Standards zu senken, sondern den Weg zum Erreichen dieser Standards für die Schülerinnen und Schüler so vernünftig wie möglich, so attraktiv wie möglich und so interessant wie möglich zu gestalten.

Denn in einem zusammenwachsenden Europa wird das Wissen um die gemeinsamen Wurzeln gebraucht. Wir werden uns mit unseren Nachbarn nicht über die Ziele für eine gemeinsame Zukunft verständigen können, wenn wir das Bewusstsein für unsere gemeinsamen Herkunft verdrängen und nur über Subventionen aus Brüssel reden.

Es gibt Anzeichen, dass der Hunger auf Bildung wieder zunimmt. Dass die Zahl der Latein-Schüler an sächsischen Gymnasien kontinuierlich wächst, ist ein hoffnungsvolles Zeichen: in den letzten sechs Jahren von 13 Prozent auf über 17 Prozent. Und diese Zahlen müssen wir vor dem Hintergrund einer Bildungserfahrung sehen, die die meisten Eltern dieser Schüler in der DDR gemacht haben. In einem Staat, der die Erinnerung an die Wurzeln unserer Demokratie in der Antike verdrängen wollte. Einem Staat, der um die befreiende Wirkung der Auseinandersetzung mit der griechischen Polis und dem römischen Recht wusste. Einem Staat, der die echte humanistische Bildung und das bürgerliche Bildungsideal fürchtete und deshalb den Begriff des Humanismus um so mehr missbrauchte.

Deshalb freue ich mich, dass der Wunsch nach Latein- und Griechischunterricht in Sachsen häufig von dieser Elterngeneration ausgeht. Weil viele von ihnen spüren, dass das Wissen um die Tradition und Herkunft der westlichen Zivilisation die jungen Menschen stark macht. Stark macht nicht nur gegen die totalitäre Versuchung der Vergangenheit, sondern auch stark macht für die Herausforderungen der Zukunft – für die Aufgaben in einem zusammenwachsenden Europa.

Meine Anerkennung gilt den vielen Latein- und Griechischlehrern, denen es gelingt, das Erbe der Antike lebendig zu halten.

Uns allen muss es aber gelingen, die Bedeutung der Antike für ein modernes Bildungsverständnis wieder stärker in das öffentliche Bewusstsein zu rücken. Sie haben mit einem sehr vielfältigen Kongressprogramm dafür einen guten Ansatz gewählt – weil Sie sich nicht auf die fachinterne Diskussion beschränken, sondern mutig und engagiert den Kontakt mit der Öffentlichkeit suchen. Ein moderner europäischer Geist zieht sich wie ein roter Faden durch die verschiedenen Programmpunkte und gipfelt in der Verleihung des Humanismus-Preises an einen wahrhaft großen Europäer.

Ich wünsche Ihnen, dass dieser Kongress die Aufmerksamkeit erhält, die die Auseinandersetzung mit der Antike heute verdient. Und ich bin auch sehr zuversichtlich, dass es uns gelingen wird, den Bildungsbegriff wieder stärker mit Inhalten zu untersetzen – mit dem Wissen um die Wurzeln unserer Geschichte und um die Werte, die aus der antiken und natürlich auch der christlichen Tradition erwachsen. Und ich wünsche Ihnen allen, dass Sie sich hier in Dresden nicht nur mit den alten Sprachen auseinandersetzen, sondern auch mit dieser Stadt, mit ihrer Kultur, und dass Sie möglichst viele Erkenntnisse, aber auch gute Erinnerungen aus Dresden mit nach Hause nehmen.

Man sollte nicht vergessen, dass Deutschland die meisten Nobelpreisträger zu einer Zeit hervorgebracht hat, in der die humanistische Bildung noch einen besonderen Stellenwert im staatlichen Bildungsgefüge hatte.

Achim Mehlhorn

Rektor der Technischen Universität Dresden

Grußwort zum Kongress des Deutschen Altphilologenverbandes

Im Auftrag des Rektoratskollegiums der TU Dresden nehme ich mir die Zeit und die Freude, Sie herzlich bei uns zu begrüßen und Ihnen für den Verlauf Ihres Kongresses fruchtbare Gespräche und viel Erfolg zu wünschen.

Mein besonderer Gruß gilt den Repräsentanten des Freistaates Sachsen, Ihnen, verehrter Herr Staatsminister für Kultus, und der Stadt Dresden, Ihnen, verehrter Herr Bürgermeister.

Ich bin ebenso glücklich darüber, dass Sie, verehrter Herr Professor Schröder von der Humboldt-Universität zu Berlin, den Festvortrag des Kongresses halten wollen, dem Sie den Titel *»Europa – was ist das?«* gegeben haben. Seien Sie uns herzlich in Dresden willkommen!

Ich begrüße nicht minder herzlich den Vorsitzenden der Mommsengesellschaft, Herrn Professor Lefèvre aus Freiburg, und den Vorsitzenden des Deutschen Altphilologenverbandes, Herrn Dr. Meißner, unter uns.

Und ich richte schließlich meine herzlichen Willkommensgrüße an jeden von Ihnen, der Sie die Reise nach Dresden nicht gescheut haben. Möge sich diese Mühe als lohnend und erfüllend erweisen.

Sie haben sich für Ihre Veranstaltung ein Motto ausgewählt: »*Aktuelle Antike. Latein und Griechisch: Bildung ohne Verfallsdatum*«. In der Tat ist es die Frage nach der Bildung, die zu einer entscheidenden und lebenswichtigen Frage für unsere Gesellschaft geworden ist. Schockartig hat dies zuletzt das Ergebnis der sogenannten PISA-Studie klargemacht, bei der Deutschland auf einem der unteren Plätze rangierte. Die Notwendigkeit, einen Weg aus der Krise zu finden, hat zu hektischen Antworten geführt: »*Alle Schulen müssen ans Internet!*« – »*Die Lehrpläne müssen praxisorientierter werden!*« – »*Wir brauchen mehr Hightech und Betriebswirtschaft!*« So und ähnlich lauten die aufgeregten Forderungen des Tages. Und doch sind es insbesondere Defizite im grundlegenden sprachlichen Verstehen, welche die PISA-Studie den deutschen Schülern bescheinigte. Deutsche Schüler haben Schwierigkeiten im Lesen, sie sind häufig nicht in der Lage, den Inhalt eines komplexeren Textes zu erfassen. Dies aber zeigt, dass es nicht in erster Linie um den ausstehenden Praxisbezug, sondern um mangelnde Schlüsselqualifikationen geht, auf denen allein eine praxisorientierte Ausbildung sinnvoll aufbauen kann. Wir alle wissen, dass es schwierig sein kann, wissenschaftliche Texte zu lesen und zu verstehen, sie rezipierend in eigene Worte zu kleiden, was ich noch immer als beste Methode der Verinnerlichung des Textes erlebt habe. Ein Ingenieur oder ein Naturwissenschaftler, der das nicht kann, der Schwierigkeiten hat, einen Text zu verstehen, wird international wohl kaum mit seinen Kollegen wetteifern können.

Texte zu verstehen lernt man vor allem im Sprach- und Literaturunterricht, und vielleicht nirgendwo genauer und gründlicher als in den von Ihnen vertretenen Fächern. Aber nicht nur das Training sprachlicher Kompetenz, auch den Sinn für Geschichte, für das Vertraute und Fremde der eigenen kulturellen Herkunft vermittelt Ihre Disziplin wie kaum eine andere. All dies sind Voraussetzungen für ein Menschsein, das sich nicht im technischen Funktionieren erschöpft.

Deshalb trete ich, gerade auch als Naturwissenschaftler, für eine gründliche sprachliche und geschichtliche Bildung ein. Man sollte nicht vergessen, dass Deutschland die meisten Nobelpreisträger zu einer Zeit hervorgebracht hat, in der die humanistische Bildung noch einen besonderen Stellenwert im staatlichen Bildungsgefüge hatte: Max Planck, Erwin Schrödinger und Werner Heisenberg, um nur einige wenige von ihnen zu nennen, waren Physiker, die mit ihrem Plato oder ihrem Cicero aufs Beste vertraut waren. Naturwissenschaftliche und geisteswissenschaftliche Bildung müssen zusammengehen und einander ergänzen. So wichtig Erstere selbstverständlich für uns ist, so wäre es doch verhängnisvoll, zu ihren Gunsten auf Letztere zu verzichten.

Vielleicht ist es ein schönes Symbol für die notwendige Verbindung beider Wissenswelten, dass Sie sich für Ihren Kongress die Technische Universität Dresden ausgesucht haben. Einst eine polytechnisch-naturwissenschaftliche Ausbildungsstätte, präsentiert sich die TU Dresden seit dem Ende des kommunistischen Systems als Volluniversität mit ungewöhnlich breitem Fächerspektrum. Neben die traditionell tiefgestaffelten Natur- und Ingenieurwissenschaften sind seit 1992 die Geistes- und die Sozialwissenschaften und seit 1993 die Medizin getreten. Die Dresdner Universität, die ihren traditionellen Namen beibehalten hat, präsentiert sich heute als eine moderne Volluniversität mit der Mission einer die Wissenschaftskulturen übergreifenden Begegnung der Wissenswelten. Was wir perspektivisch anstreben, ist die Überwindung eines Grabens im Sprechen, im

Denken und im Konzipieren von Natur- und Technikwissenschaften auf der einen Seite und Geistes- und Sozialwissenschaften auf der anderen Seite. Allein die Notwendigkeit, die komplexen Probleme zu lösen, denen sich die Menschheit heute und in Zukunft gegenüber sieht, gibt uns die Verpflichtung auf, dieses Eigenleben der Wissenskulturen schrittweise zu beenden.

Dabei sind Geistes- und Sozialwissenschaften keine Diener oder, moderner ausgedrückt, Dienstleister der Ingenieur- und Naturwissenschaften, die deren erzeugte Schäden heilen können. Sie müssen vielmehr ein gleichberechtigter Partner sein, der einordnen, vermitteln, in Frage stellen, auf Defizite und Erkenntnisgrenzen hinweisen, befördern und rechtlich absichern muss, was andere Wissenswelten an Lösungen anbieten können. Diese Aufgabe ist unersetzlich, wollen wir unsere Gegenwart und unsere Zukunft menschenwürdig gestalten.

Die Kollegen der geisteswissenschaftlichen Fakultäten unserer Universität haben diese Botschaft wohl vernommen. Sie haben in den wenigen Jahren ihres Bestehens nicht nur Tausende von Studierenden angezogen – heute studieren 42 Prozent unserer Studenten – das sind etwa 12 000 – in den geistes- und sozialwissenschaftlichen Fächern. Die Vertreter der Dresdner Geistes- und Sozialwissenschaften haben auch in der geisteswissenschaftlichen Forschung beispielgebende Akzente der Integration von Forschungsbemühungen gesetzt. Der Sonderforschungsbereich »Institutionalität und Geschichtlichkeit«, das Europäische Graduiertenkolleg »Institutionelle Ordnungen, Schrift und Symbole« und ein weiteres beantragtes Kolleg zu Entgrenzungsfragen sind ein beachtliches Zeugnis dafür. Erst vor wenigen Wochen hatte ich die Freude, die Vertreter dreier geisteswissenschaftlicher Sonderforschungsbereiche von außerhalb gemeinsam mit dem Dresdner SFB begrüßen zu können. Die Klassische Philologie ist am hiesigen SFB seit dessen Beginn mit einem eigenen Subprojekt beteiligt; in das Europäische Graduiertenkolleg soll sie jetzt neu mit einsteigen.

Diesen Aktivitäten sind zahlreiche Versuche an die Seite zu stellen, die Verbindung zwischen den Wissenswelten zu schaffen: Bioethik, Gesundheitsökonomie, Umwelt- und Technikrecht, Kommunikationswissenschaften und Informatik und viele andere.

Insbesondere auch vor diesem Hintergrund freue ich mich, dass der Deutsche Altphilologenverband die Technische Universität Dresden als Veranstaltungsstätte für seinen diesjährigen Kongress gewählt hat.

Ich wünsche Ihnen eine anregende Tagung, interessante Begegnungen und einen angenehmen Aufenthalt in Dresden.

Deshalb täuschen sich diejenigen, die glauben, man könne den altsprachlichen Unterricht ohne Schaden für die heranwachsende Generation wegsparen!

Helmut Meißner

Aktuelle Antike
Latein und Griechisch: Bildung ohne Verfallsdatum

Vor ziemlich genau 2 400 Jahren wurde Sokrates hingerichtet. Im politisch aufgewühlten Athen des Jahres 399 v. Chr. hatte man ihn als störend empfunden. Man wollte ihn loswerden. Dass Sokrates einmal zu den größten Denkern aller Zeiten zählen würde, dürfte damals außerhalb des Horizontes gelegen haben!

Aber schon kurz nach seinem Tod wurde man sich seiner überragenden Bedeutung bewusst. Obgleich Sokrates keine Schriften hinterließ, war seine Nachwirkung gewaltig, und das nicht nur im Altertum – die antiken Philosophenschulen beriefen sich fast alle auf ihn –, sondern auch in der Neuzeit bis heute.

Goethe sprach von Sokrates mit Wärme und Hochachtung. Für Albert Schweitzer war Sokrates der Mensch, den er *»neben Jesus am höchsten«* stellte. Carl Friedrich von Weizsäcker sieht das philosophische Niveau des Sokrates und des Platon auf einsamer Höhe: *»Es ist eben«*, so schreibt er, *»nicht in jedem Jahrtausend ein Platon und ein Sokrates da.«* Alfred Grosser bekennt: *»Ich fühle mich in der Tat als Sohn zweier Väter – Sokrates und Nathan der Weise!«*

Auch im modernen Ethikunterricht spielt Sokrates eine wichtige Rolle: Die Zeitschrift »Ethik und Unterricht« widmet ihr neuestes Heft fast ausschließlich der Gestalt des Sokrates. Da finden sich Überschriften wie »*Sokrates als Vorbild*«; »*Sokrates und der Staat*«; »*Warum Sokrates nicht fliehen wollte*«; »*Mit Sokrates zur modernen Diskurstheorie*« und »*Das Sokratische Gespräch in der Grundschule*«. Es gibt auch eine sehr anregende Internetseite zu Sokrates *(www.Sokrates.org)*, eingerichtet von der Sokrates-Studienorganisation unter ihrem Vorsitzenden Wolfgang Deppert von der Universität Kiel.

Was wollen Sie damit beweisen, mag nun ein Kritiker sagen. Ihr Kongressmotto lautet »*Aktuelle Antike*«. Es sei Ihnen zugestanden, dass Sokrates heute auf manche Zeitgenossen eine faszinierende Wirkung ausübt. Zugestanden sei Ihnen auch, dass Sokrates zur Zeit für manche »aktuell« ist. Aber – so der Kritiker – damit haben Sie nicht bewiesen, dass die Antike *insgesamt* aktuell ist. Und erst recht nicht, dass es sich wirklich lohnt, die toten Sprachen Latein und Griechisch zu lernen, die heute kein Volk mehr spricht. Wozu gibt es Übersetzungen?! Was antike Schriftsteller hinterlassen haben, lässt sich auch auf Deutsch nachlesen. Die vielen Stunden, Monate und Jahre, die für Latein und Griechisch draufgehen, investieren junge Leute viel besser in moderne Fremdsprachen. Wir sollten mit der wertvollen Lebenszeit unserer Kinder sorgsam umgehen! – Beifall für den Kritiker! Das sieht nun nach einer längeren Debatte aus, zu lang für einen Vormittag. Zum Glück ist diese Debatte vorerst nur fiktiv, so dass wir sie hier ohne Schaden unterbrechen können, um uns zunächst eigene Gedanken zu machen. Vielleicht hilft das bei späterer Gelegenheit, zu einem gütlichen Ende eines solchen Streites beizutragen ...

Das Wort »aktuell« ist mehrdeutig. Zumindest zwei Typen von Aktualität lassen sich unterscheiden:

— Da ist zunächst die Aktualität dessen, was zu einem Zeitpunkt gerade geschieht oder was zu diesem Zeitpunkt gerade Aufmerksamkeit oder Anerkennung findet oder auch nur darauf bezogen ist, z. B.: aktueller Pegelstand, aktuelle Friedensbemühungen oder aktuelle Fragestunde. Solche vordergründige Geschehens-Aktualität ist oft nur von kurzer Dauer. Was heute in diesem Sinne aktuell ist, kann morgen schon überholt sein, mitgerissen im Fluss der Dinge.
— Ganz anders die Aktualität eines Satzes wie *»Audiatur et altera pars«* oder *»Niemand kann zwei Herren dienen«*. Bei dieser Art von Aktualität geht es nicht um das Hier und Jetzt äußerer Abläufe, sondern um die Bedeutsamkeit für den Menschen hier und jetzt. Aktuell in diesem Sinne des Wortes können nicht nur, wie hier, Spruchweisheiten sein, sondern auch Texte, Lebenskonzepte, Staatsentwürfe, Ideale, überhaupt alles, was Ulrich Greiner die »geistigen Dinge« nennt. Anders als die Geschehens-Aktualität steht die Aktualität geistiger Dinge nicht unter dem Gesetz, nach kurzer Dauer vorbei sein zu müssen. Ob Antigones Ausruf *»Nicht mitzuhassen, mitzulieben bin ich da«* für uns heute wichtig ist und ob dies für künftige Generationen der Fall sein wird, entscheiden letztlich nicht äußere Abläufe, sondern Kopf und Herz des Menschen. Aktualität in diesem Sinne des Wortes *muss* nicht, sie *kann* aber von schier unbegrenzter Dauer sein.

In dem fiktiven Streitgespräch, das wir eben unterbrochen haben, wäre also nun zunächst zu klären, von welcher Art von Aktualität die Rede sein soll.

Auch bei antiken Stoffen kann es zwar vorkommen, dass sie für eine Weile die allgemeine Aufmerksamkeit auf sich ziehen, also im vordergründigen Sinne »aktuell« werden –

man denke an Caesar und Kleopatra, an Nero oder die Debatte um das Troja Homers –, aber natürlich kommt es *uns* vor allem auf die zweite, die tiefere, dauerhafte Aktualität an.

Worin besteht die bleibende Aktualität humanistischer Bildung? Man kann mehrere Teilaufgaben humanistischer Bildung unterscheiden. Aus meiner Sicht gehört hierzu auch, dass wir unsere Schüler aufmerksam werden lassen auf den Klang der Sprache und auf die literarische Schönheit und den Charme griechischer und lateinischer Texte. Aber hier ist das Argumentieren schwer. Deshalb will ich versuchen, an einer anderen Teilaufgabe die bleibende Aktualität humanistischer Bildung zu erläutern.

»Humanistische Bildung« – so beschreibt Richard von Weizsäcker diese Teilaufgabe – *»ist nicht dazu da, unsere Probleme zu lösen, sondern sie sichtbar und verständlich zu machen. Humanistische Bildung ist kein abzufragendes Kulturgut, sondern ein Weg, sich im Leben zu orientieren.«*

Man kann sich das vielleicht an zwei Thesen des platonischen Sokrates klarmachen. Sokrates ist der Auffassung: *Man solle sich zuerst um seine Seele kümmern, dann erst um äußere Güter.* Und: *Racheüben sei nichts anderes als »Zurück-Unrecht-Tun«* (ἀντ-αδικεῖν).

So wissenswert diese Thesen sind, so beruht doch ihr eigentlicher Bildungswert nicht darauf, dass man sie hersagen kann, sondern vielmehr darauf, dass sie jungen Menschen Anreiz geben, sich mit den dahinter stehenden Grundfragen auseinanderzusetzen. Zum einen: Was ist das Wichtigste im Leben? Zum anderen: Worin liegen die Gefahren des Vergeltens, und welche Alternative gibt es? Wer durch diese Schule des Fragens und Prüfens gegangen ist, durchschaut leichter – so ist wenigstens zu hoffen – z. B. die vielfach leichtsinnigen Methoden unserer Produktwerbung und die Fragwürdigkeit der Vergeltungsrhetorik, die auf uns zur Zeit fast täglich einwirkt!

Es mag erstaunen, wie zahlreich die aktuellen Grundfragen sind, mit denen sich junge Menschen anhand der Werke eines Homer, Sophokles, Platon, Cicero, Vergil oder Horaz auseinandersetzen können. Nennen möchte ich:
- Worin besteht wahres Glück?
- Wozu braucht man ethische Normen? Wozu Gesetze?
- Warum sind Staaten nötig?
- Was spricht für, was gegen die verschiedenen Staatsformen?
- Wo liegen die Grenzen legitimer staatlicher Macht?
- Wodurch kann es zu einer Verrohung des Menschen kommen?
- Welche angeborenen Triebe hat der Mensch?
- Worin bestehen die Gefahren und Chancen der Redekunst?

Die Beschäftigung mit solchen Grundfragen kann gerade Schülern der Mittel- und Oberstufe wertvolle Anstöße für die Entwicklung ihres ethisch-politischen Urteilsvermögens geben – oder mit den Worten Richard von Weizsäckers: für die Entwicklung ihrer Fähigkeit, »*sich im Leben zu orientieren*«.

Natürlich ist einzuräumen, dass die volle Nutzung dieser Chance großenteils vom Lernenden selbst und sicher auch vom Geschick des Lehrers abhängt; dieser Vorbehalt gilt ja für Bildungsarbeit ganz grundsätzlich! Worauf es ankommt, ist, sich um die bestmögliche Entwicklung des ethisch-politischen Urteilsvermögens junger Menschen mit allen Kräften zu bemühen. Denn von diesem Vermögen hängt nicht weniger ab als das Funktionieren der Demokratie. Dass in der neueren Bildungsdiskussion diese Aufgabe vielfach zugunsten tagesaktueller Forderungen vernachlässigt wird, bedarf der Korrektur!

Nun hat die *PISA-Studie* auf weitere Defizite aufmerksam gemacht – Defizite vor allem in der deutschen Bildungs*wirklichkeit*: Auf den Gebieten Lesefähigkeit und Mathematik zeigen deutsche 15-jährige Schüler einen im internationalen Vergleich blamablen Leistungsstand! Kurz nach Bekanntwerden der Studie zeigte sich allerdings, dass der Missstand noch schlimmer ist, als zunächst angenommen: Denn zahlreiche Reaktionen derer, die zu den Mitverursachern des Absinkens zählen dürften, hatten offenkundig eines gemeinsam: Mangel an Selbstkritik! Deshalb forderte Heike Schmoll mit Recht eine Bewusstseinsänderung!

Möglicherweise ernte ich nun selbst den Vorwurf eines Mangels an Selbstkritik: Aber ich muss doch darauf aufmerksam machen, dass es beachtliche Übereinstimmungen gibt zwischen den charakteristischen Bildungsschwerpunkten des altsprachlichen Unterrichts und den Gesichtspunkten der PISA-Studie. Drei Übereinstimmungen seien genannt:

- PISA betont den Wert der *Lesefähigkeit:* Wird nicht gerade die Lesefähigkeit in Latein und Griechisch über viele Jahr hinweg systematisch und intensiv geübt?

- PISA betont den Wert der *Problemlösefähigkeit:* Wird nicht gerade diese Fähigkeit in Latein und Griechisch besonders intensiv geübt, da man beim Übersetzen immer wieder den trainingswirksamen Prozess des Fixierens, Prüfens und Korrigierens der eigenen Vor-Annahmen durchlaufen muss?

- PISA betont den Wert der Fähigkeit, *Situationen aus der Sicht anderer zu sehen:* Wird nicht gerade auch diese Fähigkeit in Latein und Griechisch durch den immer neuen Anreiz geübt, sich in das Denken und Fühlen der

Menschen einer uns fernen und doch zugleich nahen Kultur zu versetzen?

Was eine gründliche humanistische Bildung leisten kann, wird erkennbar, wenn man auf jene Zeit zurückschaut, in der deutsche Naturwissenschaft weltweit höchstes Ansehen hatte. Manfred Fuhrmann bringt den Zusammenhang in zwei Sätzen auf den Punkt: »*Humanistische Bildung und wissenschaftlich-technische Weltgeltung waren in Deutschland bis zum ersten Drittel des 20. Jahrhunderts synchron. Der Abbau dieser Bildung und die Verluste an Geltung haben sich ebenfalls gleichzeitig vollzogen.*«

Wir wissen, dass hier von uns Lehrern großer Einsatz gefordert ist. Aber ein Erfolg dieses Bemühens setzt auch geeignete Unterrichtsbedingungen voraus: vor allem genügend Zeit und die Möglichkeit zu konzentrierter Arbeit, am besten schon von der Unterstufe an.

Sehr geehrter Herr Minister Dr. Rößler, ich möchte Ihnen nochmals dafür danken, dass Sie gekommen sind, und ganz besonders für die Unterstützung, die Sie den alten Sprachen in Sachsen zukommen lassen. Dennoch muss ich jetzt zwei Forderungen wiederholen, die wir nicht nur an die Adresse deutscher, sondern auch an die Adresse europäischer Bildungspolitik richten:

Erstens: Geben Sie dem altsprachlichen Unterricht auf Dauer eine ausreichende Zahl von Wochenstunden, und machen Sie es nicht wie in Baden-Württemberg, wo jetzt an den Gymnasien der Durchschnitt der fremdsprachlichen Wochenstunden rapide abzusinken droht: von 4,2 auf 3,2 Wochenstunden.

Zweitens: Geben Sie allen interessierten Schülern die Möglichkeit, in zumutbarer Entfernung von ihrem Wohnort Latein von der Unterstufe an und Griechisch von der Mittelstufe an zu lernen, unabhängig von starren

Mindestzahlen! Was können die 14 oder 15 aufgeweckten und lernwilligen Schüler dafür, dass sie in der Minderheit sind?! Es kann doch nicht richtig sein, sie dafür zu benachteiligen, dass sie bereit sind, den anstrengenderen Weg zu gehen!

Hier sei einem Missverständnis vorgebeugt: Wir stellen Latein und Griechisch nicht über die anderen Fächer. Den besonderen Bildungswert der alten Sprachen sehen wir nicht in ihrer Höherwertigkeit, sondern in der nützlichen Andersartigkeit ihrer Bildungswirkung. Jedes Fach hat seinen eigenen Bildungsauftrag; und kein Fach ist durch die anderen ganz ersetzbar. Je andersartiger ein Fach ist, desto weniger ist es durch andere ersetzbar. Worauf es ankommt, ist, dass die verschiedenen Schulfächer mit ihren jeweils eigenen Bildungswirkungen sich zum Wohl der Lernenden pädagogisch möglichst vorteilhaft gegenseitig ergänzen. Im Verbund mit anderen Fächern entfalten Latein und Griechisch ihren besonderen Bildungswert.

Die Andersartigkeit altsprachlicher Bildung hat eine inhaltliche und eine methodische Seite. Die inhaltliche Andersartigkeit wird besonders augenfällig, wenn man sich eines klarmacht: Kenntnis der Gegenwart und Lernen aus der Vergangenheit – nur dadurch entsteht Zukunftsfähigkeit! Fundierte Allgemeinbildung setzt die Beschäftigung mit Gegenwart *und* Tradition voraus. »Horizontale« und »vertikale« Bildungskomponente gehören zusammen!

Wir glauben nicht zu übertreiben mit der Behauptung, dass heute – zumal nach der Reduktion des Faches Geschichte! – die »vertikale« Bildungsdimension in kaum einem Schulfach so nachhaltig zur Wirkung kommt wie in Latein und Griechisch! Deshalb täuschen sich diejenigen, die glauben, man könne den altsprachlichen Unterricht ohne Schaden für die heranwachsende Generation wegsparen!

Was Europa zusammenhält, ist weniger seine Wirtschaftsgemeinschaft, sondern vor allem seine Kulturgemeinschaft. Die Zuwanderungs- und Integrationsdiskussion hat die Frage nach der kulturellen Identität Europas neu aufgeworfen. Sie führte zu einer neuen Wahrnehmung, ja zu einer »Wiederentdeckung« der erstaunlichen Kulturverwandtschaft aller europäisch-westlichen Gesellschaften: Sind Menschenrechte, Toleranz, Demokratie, Rationalität und Wissenschaft nicht ursprünglich europäische Werte? Gehören sie nicht ganz wesentlich zur europäischen Identität? Soviel dürfte klar sein: Diese Werte sind auf unserem Kontinent keineswegs für alle Zeiten gesichert; sie müssen von jeder Generation neu erworben werden. Damit gewinnt die Frage nach der Entstehung dieser Werte eine ganz neue, unmittelbare Aktualität.

Bassam Tibi weist immer wieder auf einen erstaunlichen Zusammenhang hin, der aber historisch belegt ist: Mehrmals in der Geschichte – so Tibi – sind von einer Rückbesinnung auf die Geisteskultur Griechenlands wertvolle zivilisierende Impulse auf spätere Kulturen ausgegangen. Das gilt nicht nur für die Römer, sondern später auch für den Islam und dann besonders für das christliche Europa! Roman Herzog sagte vor zwei Jahren in Marburg: »*Die Anderen – Moslems, Hindus, Konfuzianer – … sind sich ihrer Sache sehr viel mehr bewusst als wir doch sehr ›wischiwaschi‹ gewordenen Europäer. Die werden uns fragen: Was sind die Grundlagen eurer Kultur …? Und sie werden uns sehr genau darauf abklopfen, ob wir von diesen Grundlagen etwas wissen, ob wir von ihnen noch erfasst sind, ob wir zu ihnen noch stehen …*«

Fazit: Jungen Menschen die Gelegenheit zur gründlichen Beschäftigung mit den Wurzeln der europäischen Kultur zu geben, ist nicht nur ein Beitrag zur geistigen Bildung Einzelner, sondern hat auch Bedeutung für die künftige Existenz unserer Gesellschaft insgesamt!

Es ist, als ob Europa keine Vergangenheit hätte, als ob es mittellos und ohne Erbe dastünde.

Manfred Fuhrmann

Bildung ohne Inhalte?
Bemerkungen zu einer verbreiteten Tendenz
in der gegenwärtigen Diskussion[1]

I

Gorgias von Leontinoi, der Rhetor und Sophist, soll einst eine Schrift verfasst haben, die »Περὶ τοῦ μὴ ὄντος« betitelt war, »Über das Nichtseiende«. In einer ähnlich dünnen Luft von Abstraktionen ist mein heutiger Vortrag angesiedelt. Ich möchte im Analogisieren noch weiter gehen und eine der Schrift des Gorgias entsprechende Dreigliederung vorschlagen: Erstens gibt es keine Bildung; zweitens könnte man sie, wenn es sie gäbe, nicht definieren, und drittens wäre man, wenn man sie definieren könnte, nicht in der Lage, sie anderen begreiflich zu machen. Zwar möchte ich nicht, wie weiland Gorgias, den Triumph der Form über den Inhalt zelebrieren, sondern, ganz im Gegenteil, die Inhalte vor der Formalisierung zu retten versuchen. Gleichwohl werde ich, indem ich mich überhaupt auf das heutzutage verbreitete Abstrahieren von Inhalten einlasse, ob ich will oder nicht, zum Komplizen derer, die sich diese Methode, über Bildung zu reden, zu eigen gemacht haben. Mir wäre wohler, ich könnte einfach ein Gedicht interpretieren – eines von Horaz oder eines von Durs Grünbein, darauf käme es mir nicht sonderlich an.

Ich will also mein Thema in drei Schritten abzuhandeln suchen, die sich allerdings zum Teil nur mehr schlecht als recht mit dem gorgianischen Schema in Einklang bringen lassen. Erstens will ich darlegen, dass es keine Bildung gibt, dass es sie nicht *mehr* gibt, dass der bürgerliche Bildungskanon und mit ihm die bürgerlichen Bildungsinstitution, das humanistische Gymnasium, zerfallen sind und dass die moderne Erlebnisgesellschaft hiervon nur noch Reste bewahrt hat. Zweitens möchte ich ausführen, dass man Bildung nicht definieren kann. Eine Definition hat nur Sinn, wenn sie von den Adressaten, für die sie bestimmt ist, verstanden wird; diese aber werden heutzutage weithin durch Unbildung am Verständnis gehindert, sei es auf Grund von schlichter Ignoranz, sei es im Gewande des Nützlichkeitsdenkens. Als Beweis für die Verbreitung dieser Erscheinung sollen die zahlreichen falschen Bildungspropheten dienen, die jetzt ihre Stimme erheben – die mit »Kompetenzen« und »Qualifikationen« und ähnlichen Wortblasen das allgemeine Bildungsvakuum zu füllen hoffen. Der dritte Punkt schließlich kann kurz abgetan werden: Bildung ist nicht mitteilbar, d. h. wer nicht spürt und im Sinne unwandelbaren Überzeugtseins »weiß«, dass Bildung – als Prozess und als Resultat – ein Wesensmerkmal des Menschen ist, dem kann man den Sinn der Bemühung um zweckfreie Bildungsinhalte nicht begreiflich machen.

II

Bildung gibt es nicht mehr. Sie ist nicht mehr präsent als die von einer Großgruppe der Gesellschaft anerkannte Form des Zugangs zur Kultur, der Teilhabe aller Angehörigen dieser Gruppe an der Kultur. Trotzdem kann man sich ohne den Begriff »Bildung« über Bildungsfragen der Gegenwart nicht verständigen, auch unter Gleichgesinnten nicht: man muss eine feste Grundlage haben, und die gewährt allein ein möglichst genau umschriebener Bildungsbegriff.

Es ist durchaus nicht so, dass es die Bildung, die jetzt in dem angedeuteten Sinne aufgehört hat zu existieren, schon immer gegeben hätte, etwa seit es Europa gibt. Wir wollen hier auf sich beruhen lassen, ob die Antike Analogien zu unserer »Bildung« kannte, als Begriff (wie παιδεία oder cultura animi oder humanitas) und als Sache. In unserer eigenen, der mit dem frühen Mittelalter beginnenden Tradition war »Bildung« eine verhältnismäßig junge Erscheinung. Während des Mittelalters, während der ganzen Zeit, in der alle Bereiche des menschlichen Daseins von der Religion durchdrungen waren, gab es zwar Geistliche und Gelehrte und seit der Scholastik vielleicht auch Intellektuelle, jedoch nicht den uns geläufigen Typus des Gebildeten. Die Bildung war ein Produkt der Aufklärung, wie ihr Pendant, der Begriff »Kultur«. Sie setzte ein säkularisiertes Weltbild und überhaupt von der Religion emanzipierte Inhalte voraus; sie hatte zur Religion ein distanziertes Verhältnis. Sie war der Leistungsausweis, mit dem eine gesellschaftliche Großgruppe, das Bürgertum, gegen den durch seine Geburt privilegierten Adel antrat.

Gleichwohl kann man nicht behaupten, dass mit der zweckfreien bürgerlichen Allgemeinbildung (wie wir jetzt etwas genauer sagen wollen) lediglich ein Kulturphänomen der letzten zwei- bis dreihundert Jahre untergegangen ist. Das liegt daran, dass die »Bildung« – ebenso wie die »Kultur« – ein Inbegriff war, der nicht nur Zeitgenössisches, sondern auch vieles von der gesamten älteren Tradition in sich aufgenommen hatte. »Bildung« war das Vehikel aller Angehörigen des Bürgertums, an den kulturellen Errungenschaften auch der Vergangenheit, die christliche Religion eingeschlossen, teilzuhaben – nicht an allen Errungenschaften, sondern an einer Auswahl des Wesentlichen, an einem Kanon, und nicht in naiver, sondern in reflektierter, durch Hermeneutik vermittelter Weise. Ebendies macht den gegenwärtigen Bildungszerfall oder -schwund so alarmierend: die Tatsache, dass die Bildung des bürgerlichen Zeitalters die gesamte christliche und humanistische Überlieferung Europas repräsentierte – wenn sie gänzlich verschwunden ist, dann ist zugleich nahezu all das verschwunden, was sie, einer Schutzmantelmadonna vergleichbar, bewahrend geborgen hatte.

Diese skizzenhaften Andeutungen bedürfen der Explikation. Die Aufklärung, die schärfste Zäsur innerhalb der europäischen Geschichte seit der Völkerwanderungszeit, war eine Folge der Glaubenskriege des 16. und 17. Jahrhunderts: Diese kompromittierten das Christentum, so dass es aufhörte, die maßgebliche Mitte des gesamten öffentlichen und privaten Lebens zu sein. An seine Stelle traten das Ideal der von ihrer Vernunft geleiteten autonomen Persönlichkeit und der Staat als die das Denken und Trachten aller ihm angehörenden Individuen bestimmende geistige Macht. Das überkommene System der ständisch gegliederten Gesellschaft zerbrach; der Absolutismus wich der konstitutionellen Monarchie, und nicht mehr der Hof, sondern das gehobene Bürgertum war nunmehr die in allen Bereichen der Kultur tonangebende Instanz.

Aus diesen Voraussetzungen erwuchs der bürgerliche Bildungskanon: als Produkt der Säkularisierung, d. h. der Entwicklung, durch die sich die Künste und Wissenschaften entsakralisiert, von ihrer Einbindung in die Religion gelöst haben. Bisher religiös Gedeutetes, das Weltbild, und bisher von der Religion Gefordertes, die Ethik, wurde nunmehr wissenschaftlich, nach Maßgabe mathematisch-physikalischer Erkenntnisse, gedeutet, oder philosophisch, nach Maßgabe rational begründeter Normen, gefordert. Die bildenden

Künste und die Musik, die bislang überwiegend im Dienst des christlichen Kults gestanden hatten, beanspruchten mehr und mehr, als Schmuck der bürgerlichen Existenz und als ästhetische Gegebenheiten um ihrer selbst willen geschaffen und gewürdigt zu werden. Im Bereich des Schulwesens übernahm der Staat die Aufgaben, die bisher großenteils von den Kirchen, seit der Reformation auch von den Gemeinden wahrgenommen worden waren. Im Gymnasium trat gegen Ende des 18. Jahrhunderts der neue Berufsstand des Philologen an die Stelle des bis dahin allein zuständigen Theologen. Auch dem Lateinischen, das bislang als gemeineuropäisches Verständigungsmittel gedient hatte, schlug nunmehr die Stunde – oder besser, sie hätte ihm geschlagen, wenn es nicht als wichtiges Element im Kanon der bürgerlichen Bildung hätte weiterleben dürfen.

Dass Europa bis zur Aufklärung eine kulturelle Einheit war, lässt sich nicht ernstlich bestreiten; dass hieran auch das Zeitalter des Nationalstaats und des nationalen Denkens nichts Wesentliches geändert hat, ebenso wenig. Europa ist, seit es als ein ziemlich einheitlicher Kulturraum existiert, seit der Zeit der Völkerwanderung, durch alle Epochen hindurch gleichsam ein System kommunizierender Röhren gewesen, so dass stets alle zugehörigen Länder, die einen früher, die anderen später, am jeweiligen Wandel der Stile und an den jeweils neuen Entdeckungen und Erfindungen teilhatten. Und wenn sich ein Land in einem bestimmten Bereich besonders hervortat, so wurde daraus gleichwohl über kurz oder lang ein allen Europäern gemeinsamer Kulturbesitz. Dies gilt cum grano salis auch für die in verschiedenen Sprachen verfassten nationalen Literaturen: Sie wurden und werden auch von Anderssprachigen gelesen, sei es im Original, sei es in einer Übersetzung, und ein gut Teil der Stoffe sowie sämtliche Formen, die Gattungen und die Metren, sind gemeineuropäisch.

Der bürgerliche Bildungskanon ruht auf einem allen Nationen Europas gemeinsamen Sockel. Dieser Sockel hat sowohl historische als auch institutionelle Voraussetzungen. Die historischen Voraussetzungen sind die christliche Religion und die Tradition des Humanismus; die institutionellen Voraussetzungen sind das Gymnasium und der absolutistische Fürstenhof. Die historischen Voraussetzungen bedürfen hier keiner besonderen Betrachtung; ihre Inhalte gingen über das Gymnasium und den Fürstenhof in den Bildungskanon ein.

Im Fächerplan des Gymnasiums, wie es in der zweiten Hälfte des 19. Jahrhunderts beschaffen war, hatte nahezu alles eine Heimat gefunden, was der benötigte, der vor sich selbst und vor anderen als gebildet gelten wollte: die alten und die neuen Sprachen, die Geschichte, die Künste, die Mathematik und die Naturwissenschaften. Allerdings wurden dort diese Gegenstände nicht nur um der allgemeinen Bildung willen traktiert, sondern auch aus pädagogischen Rücksichten, ablesbar an der Hierarchie der Fächer: den alten Sprachen stand ungefähr die Hälfte der verfügbaren Zeit, etwa sechzehn Wochenstunden, zu Gebote, während sich die neuen Sprachen und die musischen Fächer mit ein bis zwei Stunden wöchentlich begnügen mussten.

Das Gymnasium war nicht die einzige Säule des bürgerlichen Bildungskanons. Man pflegt heutzutage wenig zu bedenken, dass ein gut Teil unserer kulturellen Einrichtungen erst mit dem Heraufkommen der bürgerlichen Epoche allgemein zugänglich geworden ist: das Theater, das Konzert und das Museum. Was heute zum Alltag gehört, der Besuch eines Schauspiels oder einer Oper, einer musikalischen Darbietung oder einer Kunstsammlung, pflegte noch um das Jahr 1800 gewöhnlichen Sterblichen versagt zu sein. Die genannten Einrichtungen waren während der frühen Neuzeit als exklusive Errungenschaften der europäischen Fürstenhöfe aufgekommen; das Bürgertum aber machte sie mit oder nach der Französischen Revolution öffentlich und gegen Zahlung eines Eintrittsgeldes für jedermann zugänglich. Der absolutistische Hof steuerte auf diese Weise zum Kosmos der bürgerlichen Bildung die Schauseite, die Gelegenheiten zur Selbstdarstellung, den Kunstgenuss und die gepflegte Unterhaltung bei.

Dieser Kosmos der Bildung, dem man noch die Philosophische Fakultät als Instanz für das Studium der Lehrer und das Elternhaus als Instanz für die Kontrolle der Schüler hinzufügen könnte, zerfiel im Zeitalter der Weltkriege. Das Bürgertum als in sich geschlossene Schicht existiert nicht mehr. Zwar gibt es noch stets gestufte Einkommens- und Besitzverhältnisse, aber es gibt keine einigermaßen homogene, durch einen gemeinsamen Lebensstil sich abhebende Gruppen mehr, weder eine Bourgeoisie noch ein Proletariat in dem Sinne, wie sie bis zum Beginn des 20. Jahrhunderts existiert haben. Die Entwicklung hat zur Integration, zur Nivellierung, zu einem ziemlich einheitlichen Standard geführt, so dass nicht mehr schichtenspezifische Vorgaben, sondern die freien, lediglich durch den Bildungsgrad und das Alter beeinflussten Entscheidungen des einzelnen das Alltagsverhalten prägen.

Die nivellierte Massengesellschaft der Gegenwart unterscheidet sich vom Bürgertum hauptsächlich dadurch, dass sie sich des Gymnasiums entäußert hat, des humanistischen Gymnasiums als des Typs der höheren Schule, der im 19. Jahrhundert als der einzige den Zugang zum Universitätsstudium eröffnete – nicht nur in West- und Mitteleuropa, sondern auch in der Donaumonarchie und schließlich sogar in Russland. Diese Schulgattung wurde im Lauf des 20. Jahrhunderts beseitigt: zunächst, indem man sie der Konkurrenz von Gymnasien aussetzte, die teilweise oder ganz auf die alten Sprachen verzichteten, dann, indem man die bestehenden Typen zu etlichen Subtypen verzweigte, und schließlich, indem man das Kurssystem einführte, wodurch der Oberstufenunterricht weithin der Wahl und Willkür jedes einzelnen Schülers anheim gegeben wurde. Alle diese Änderungen haben zu dem bekannten Ergebnis geführt, dass sich nur noch jeder hundertste Gymnasiast mit dem Griechischen und etwa jeder dritte mit dem Lateinischen bekannt macht. Man wagte sogar noch Einschneidenderes: Auch in Deutsch und Geschichte wurde weithin auf einen festen Bestand zu traktierender Stoffe verzichtet.

Was von der bürgerlichen Bildung geblieben ist, lässt sich großenteils mit *einem* Wort umschreiben: die Genuss- und Unterhaltungsseite, also all das, was einst der absolutistische Hof beigesteuert hat. Diese Überreste haben auch einen einigermaßen bestimmbaren sozialen Träger: die Erlebnisgesellschaft, eine Kategorie, die der Kultursoziologe Gerhard Schulze[2] geprägt und durchgesetzt hat.

Das Spezifikum dieser Erscheinungsform der europäischen Gesellschaft, führt Schulze aus, bestehe darin, dass für die Mehrzahl ihrer Mitglieder nicht mehr – wie früher – der Mangel, die Not das herausragende Movens der Daseinsgestaltung sei, sondern im Gegenteil der Mangel an Mangel und die hierdurch bedingte Freiheit, das Dasein mit beliebigen Inhalten zu füllen. Wer viel freie Zeit und erhebliche Ressourcen habe, dem Ziel eines »schönen Lebens« nachzustreben, der könne vom »Erlebnismarkt« Gebrauch machen, von dem reichlichen Angebot wohlkalkulierter Erlebnisse für jeden Stil und jeden Geschmack. Schulze beschreibt somit die Erlebnisgesellschaft als eine Verfassung der europäischen Menschheit, deren Grundproblem darin besteht, dass ein jeder versuchen muss, sein Leben zu erleben; die Erlebnisgesellschaft empfängt daraus ihre Legitimation, dass sie allen ihren Mitgliedern die Möglichkeit verschafft, im Praktizieren eines individualistischen Hedonismus die erstrebte Daseinserfüllung zu finden.

Die Erlebnisgesellschaft ist keine ungegliederte Masse; sie besteht vielmehr aus deutlich voneinander abgehobenen Gruppen. Hier mag es genügen, zwei davon kurz zu charakterisieren: die eine, weil sie offensichtlich aus dem bürgerlichen Bildungskanon hervorgegangen ist, die andere um des Kontrastes willen. Die erstere heißt bei Schulze »*Hochkulturschema*«, was etwa »Erlebnismuster mit hohen kulturellen Ansprüchen« bedeutet; die andere heißt dementsprechend »*Trivialschema*«. Diese Gruppen werden mit Hilfe von drei Leitbegriffen beschrieben, mit Hilfe der Kategorien »Genuss«, »Distinktion« und »*Lebensphilosophie*«. Die Gruppen der Erlebnisgesellschaft haben sich also nicht derart einseitig dem Hedonismus ergeben, dass daneben nicht noch andere Motive des Handelns Platz fänden, nämlich die »Distinktion«, d. h. das Streben nach einem bestimmten gesellschaftlichen Rang, nach einem möglichst hohen Status, und die »Lebensphilosophie«, d. h. die Orientierung an bestimmten Werteinstellungen, so oder so gearteten religiösen, ethischen oder ästhetischen Normen.

Das Schema der Hochkultur enthält, wie gesagt, alles, was im Laufe der Zeit Aufnahme im Kanon der bürgerlichen Bildung gefunden hat und was davon jetzt noch übrig ist. Die Partizipation an den *Genüssen* der Hochkultur beruhte einst auf besonders günstigen ökonomischen Verhältnissen und einer besonderen Bildung und verlieh denen, die Zugang zu diesen Genüssen hatten, einen distinguierten Status. Die Zugehörigkeit zur Gruppe der Gebildeten hat nunmehr ihre Funktion als *Standesabzeichen* eingebüßt – sie ist im Schmelztiegel der Erlebnisgesellschaft ebenso zu einem individuellen Vergnügen geworden wie alles andere. Auch eine klar konturierte *Lebensphilosophie* lässt sich jetzt, nachdem so viele Kunst- und Literaturwerke verschiedenster Provenienz und Weltanschauung in das Hochkulturschema eingegangen sind, nicht mehr dingfest machen: die vielfältigen Inhalte – von der christlichen Religion über den Idealismus bis zum Nihilismus – unterliegen dem Auslesekriterium der formalen Perfektion und werden als »ewige Werte« ästhetisch vermittelt. Kurz und gut, das Hochkulturschema, realisiert in andächtiger Hingabe und Kontemplation unter möglichst geringer körperlicher Beteiligung, ehedem Statusmerkmal des gehobenen Bürgertums und Inbegriff einer dem Schönen, Wahren und Guten sich verpflichtet glaubenden Lebensanschauung – dieses Schema existiert jetzt nur noch als enthierarchisierte und an bestimmte Werte nicht mehr gebundene individuelle Wahlmöglichkeit im Bereich anspruchsvoller Freizeitgestaltung.

Schulzes »Trivialschema« wiederum fasst alles zusammen, was im Lebensstil und Freizeitgebaren der Halb- und Ungebildeten, der »kleinen Leute« vorkommt: Blasmusik und Schlager, Liebesfilme, Heimatromane und Bunte Illustrierte, kurz die Gartenzwergkultur des Kitsches und der Schnulzen. Die *Genusshaltung* ist weniger asketisch als beim Repertoire der Hochkultur: es darf bei musikalischen Darbietungen mitgeklatscht und während des Spiels geredet werden – überhaupt sind Konzentration und Anstrengung bei Erlebnissen des Trivialschemas kaum gefragt. Kein Begriff charakterisiert die dort herrschende Grundstimmung so treffend wie »Gemütlichkeit«: die triviale Sphäre sucht Geborgenheit zu suggerieren. Das *Distinktionsbedürfnis* der mit leichter Kost sich Amüsierenden ist vor allem auf Abgrenzung »nach unten«, von Randgruppen und Fremden, bedacht. Als *Lebensphilosophie* des Trivialschemas können das Ausweichen vor Problematischem und ein ausgeprägtes Harmoniebedürfnis gelten.

Soviel zu den Überbleibseln des bürgerlichen Bildungskanons und ihrer sozialen Verortung, soweit sie an die Institutionen Theater, Konzert und Museum gebunden sind. Man könnte noch den Tourismus hinzufügen, die moderne, als

Massenphänomen auftretende Form der einstigen Bildungsreise; man könnte außerdem noch hinzufügen, dass auch im heutigen Gymnasium Fragmente des Bildungskanons fortexistieren, etwa im Deutsch- oder im Geschichtsunterricht – und vor allem, soweit noch vorhanden, bei den alten Sprachen. Wir müssen uns jedoch jetzt eiligst dem zweiten Schritt unserer Betrachtung zuwenden: dass sich Bildung, sofern es sie noch geben sollte, einer allgemeingültigen Bestimmung entzieht – weil die Beseitigung des Kanons ein Vakuum geschaffen hat.

III

Die Erlebnisgesellschaft als Nachfolgerin der bürgerlichen Gesellschaft und die differenzierte Freizeitindustrie als Haupterbin der bürgerlichen Allgemeinbildung: Auf diesem Terrain befinden sich jetzt das Gymnasium und die Universität, in dieser Umgebung betätigen sich jetzt die Lehrer und die Professoren. Auf die Betrachtung der allgemeinen Entwicklung sollte jetzt eine entsprechende Betrachtung für den schulischen Bereich folgen. Dies ist im Rahmen der heutigen Darlegungen nicht möglich und auch nicht nötig.[3] Man müsste hier ebenfalls, wie bei dem Bildungskanon, von der Aufklärung ausgehen. Sie hat ja auch die Pädagogik hervorgebracht. Und diese Pädagogik – die des 18. Jahrhunderts – hat schon damals keinen wichtigeren Gesichtspunkt gekannt als den der Nützlichkeit. Sie wurde allerdings durch den Idealismus und die Altertumswissenschaft daran gehindert, ihr Prinzip durchzusetzen. Mit dem sogenannten Schulkrieg des ausgehenden 19. Jahrhunderts (er endete mit der Anerkennung des Realgymnasiums und der Oberrealschule als gleichberechtigten Typen) brach sich das Nützlichkeitsprinzip dann erneut Bahn, so dass sich das humanistische

Gymnasium gleichsam als retardierendes Moment in der Geschichte der Pädagogik darstellt.

Doch vielleicht sollte man für die Wucherungen des Nützlichkeitsdenkens, für das nur berufsvorbereitende Ausbildung zählt, weniger die Pädagogik als die Gesellschaft im Ganzen, die dort vorherrschende Einstellung, verantwortlich machen. Anders steht es wohl mit der pädagogischen Vorliebe für Abstraktionen: Sie scheint nun wirklich ein fachimmanentes Phänomen zu sein.[4] Man spricht bereits von einem »pädagogischen Imperialismus«, der nur noch auf »Strukturen« aus sei und allenthalben – statt konkreter Lernziele – »Kompetenzen« andiene, und in der Didaktik herrscht wohl ebenfalls oft eine Einstellung, welche die Methoden über die Sachen stellt. Es ist gut denkbar, dass die Pädagogik, die als universale Instanz über den Fächern schwebt, gerade jetzt, nachdem sich der Fächerkanon und die Fächerhierarchie des Gymnasiums aufgelöst haben, mit ihren uferlosen Leitbegriffen unheilvoll gewirkt hat und noch stets wirkt. Sie hätte der grassierenden Beliebigkeit und der allgemeinen Flucht aus den Inhalten wehren sollen – statt dessen hat sie diese Tendenzen nach Kräften gefördert, was dann vom Staat und von der Öffentlichkeit mit neuen Planstellen und wachsendem gesellschaftlichem Einfluss belohnt wurde.

Statt diese Vorgänge hinlänglich ausführlich zu beschreiben, begnüge ich mich einstweilen mit einigen eigenen Erfahrungen und Beobachtungen – zur Illustration des Themas: Man kann »Bildung« gegenwärtig nicht definieren, da die Adressaten einer sinnvollen Definition weithin des Vorwissens ermangeln, das für das Verständnis derselben erforderlich ist. Kurz vor dem Erscheinen meines Buches »Latein und Europa« wurden mir vom Deutschlandfunk in Köln einige Fragen für ein Interview vorgelegt, die eine schiefer und unsachgemäßer als die andere:[5] welche Rolle das Lateinische gegenwärtig noch für die internationale Verständigung spiele; ob Latein, das, wenn überhaupt noch, zumeist in Privatschulen, häufig in kirchlicher Trägerschaft, unterrichtet werde, nur noch ein Phänomen des sogenannten Bildungsbürgertums sei; ob die gesellschaftliche Abwertung von Theologie, Historie (sic!) und einigen anderen Geisteswissenschaften mit der Pflicht, eine tote Sprache zu erlernen, zusammenhänge; ob nicht das Aussterben des Lateinischen, das in seiner letzten Verwendung Sprache der Wissenschaft und der Kirche gewesen sei, durch die demokratische Forderung nach allgemeiner Verständlichkeit bedingt sei. Ich unternahm daraufhin geduldig den schier aussichtslosen Versuch, dieses Gemisch von Unwissenheit und Übelwollen zu beantworten: Der Redakteur, der die Fragen gestellt hatte, reagierte pikiert – das Interview kam nicht zustande; meine definitorischen Bemühungen waren gescheitert.

Die »Stuttgarter Zeitung« brachte unter der Überschrift »Bildungsmythos« eine ausführliche Besprechung von »Latein und Europa«.[6] Der Tenor war nicht unfreundlich; der Rezensent hatte das ganze Buch gelesen und wusste auch aus eigener Kenntnis dieses und jenes zur Sache beizusteuern. Er bemerkt gleichwohl zur gegenwärtigen Bedeutungslosigkeit des altsprachlichen Unterrichts: Dies könne doch gut sein, die alten Sprachen seien nun mal tote Sprachen, denen im Lehrplan höherer Schulen allenfalls eine Randexistenz zuzubilligen sei; aber darüber dürfe man mit mir nicht debattieren. Und am Schluss kommt er nachdrücklich auf die Sinn- und Zwecklosigkeit der Beschäftigung mit Latein zurück: Der Unterricht darin werde immer noch vielfach mit Charakter- und Geschmacksbildung, mit der Förderung logischen Denkens und dem Erwerb grammatischer Strukturen als Brücke zu anderen Sprachen gleichgesetzt. »*Zwar sind diese Argumente*«, konstatiert der Rezensent, »*prüft man sie ernsthaft, nicht haltbar; wirksame Bildungsmythen sind sie allemal*« – und dies sei immerhin ein kleiner Trost für mich.

Mein Buch, eine historische Darstellung, dient als Anlass zu vermeintlicher Entmythologisierung: Eltern, die ihre Kinder in eine Lateinklasse schicken, lassen sich von Illusionen leiten; Latein hat allenfalls Anspruch auf eine Randexistenz. Dass mein Buch bei aller Beschränkung auf historische Gegebenheiten so nicht gemeint war, ist z. B. aus dem folgenden Passus im Kapitel »Das Gymnasium und die bürgerliche Allgemeinbildung« ersichtlich:[7]

»*Wer den hohen mit dem Abitur verbundenen Anforderungen genügt hatte, gehörte der verhältnismäßig kleinen Elite an, aus der sich die obere Beamtenschaft und die akademischen Berufe rekrutierten. Diese Elite pflegte – ganz im Sinne Wilhelm von Humboldts – praxisfern geschult zu sein: zu formaler Strenge und intellektueller Sorgfalt. Die Philologiestudenten und künftigen Lehrer waren nahezu die einzigen, die bereits einen erheblichen Fundus von Kenntnissen für ihren künftigen Beruf mitbrachten; alle anderen mussten gleichsam ‚von vorn' beginnen, wenn sie die Universität bezogen. Die deutsche Wissenschaft gedieh unter diesen Verhältnissen ausgezeichnet; sie vollbrachte im Zeitalter des humanistischen Gymnasiums Leistungen wie nie zuvor, und zwar auf allen Gebieten, im Bereich der Geistes- und Naturwissenschaften ebenso wie in dem der Technik.*«

Wer auch dies für einen Mythos hält, dem sei eine ähnliche Äußerung in der »Deutschen Geschichte 1800 – 1866« von Thomas Nipperdey empfohlen:[8]

»*Das Gymnasium war als Gelehrtenschule eine gute Schule, die deutsche Wissenschaft entwickelte sich auf dieser Grundlage ganz außergewöhnlich, darin bewährte sie sich. Aus diesen Gründen geschah das politisch-sozial Unwahrscheinliche: die Regelschule der höheren Bildung blieb das humanistische Gymnasium.*«

Der Rezensent der »Stuttgarter Zeitung« hat diesen Aspekt übersehen. Er hat erst recht die mitgedachte Antithese übersehen: dass, wie humanistische Bildung und wissenschaftlich-technische Weltgeltung in Deutschland bis zum ersten Drittel des 20. Jahrhunderts synchron waren, sich ebenso auch der Abbau dieser Bildung und die Verluste an Geltung gleichzeitig vollzogen haben. Die Sichtweise des Rezensenten ist die der außenstehenden Mehrheit, eine Sichtweise, die an die Geschichte von »Hans im Glück« erinnert: Seien wir doch froh, dass wir uns Stufe um Stufe des alten Plunders entledigt haben. Was dieser vermeintliche Plunder einst bewirkt hat, ist dabei aus dem Blick geraten.[9]

Die humanistische Bildung – so kann man wohl das Gesagte resümieren – verdient den Namen »Bildung« nicht mehr; ihre Inhalte stoßen in der Öffentlichkeit weithin auf Ablehnung. Wer nun aber diese oder ähnliche Erfahrungen macht und dann fragt, welche Inhalte an die Stelle der abgelehnten treten sollen und welcher neue Kanon den verschwundenen ersetzen soll, der fragt ins Leere hinein, der wird mit Abstraktionen, mit Generalbegriffen, mit entstofflichten Allerweltswörtern abgespeist. Hierfür seien abermals zwei Beispiele vorgeführt.

Das erste Beispiel ist die Dokumentation eines »Bildungskongresses«, den das Bayerische Staatsministerium für Unterricht, Kultur, Wissenschaft und Kunst im Jahre 1998 veranstaltet hat; die Dokumentation trägt den Titel »Wissen und Werte für die Welt von morgen«.[10] Sie hat 368 Seiten Umfang (bei einem ziemlich großen Satzspiegel) und gliedert sich in einen Teil, der sechs Vorträge enthält, und einen erheblich längeren zweiten Teil, worin über die Arbeitsergebnisse von dreizehn »Foren« berichtet wird.

Der Band zeigt mit geradezu bestürzender Deutlichkeit, wie weit sich das wissenschaftliche Gespräch über Bildung von all den Gegenständen entfernt hat, die jugendliche Seelen bilden könnten und sollten, kurz, von den Inhalten der Bildung. Das Wort »Werte« kommt im Titel vor – von den beiden großen Wertevermittlern Europas, vom Christentum und vom Humanismus, ist nirgends die Rede, es sei denn hier und da und stets überaus beiläufig. Bestimmte Fächer und bestimmte Lehrgegenstände werden nirgends erörtert – keines der Foren befasst sich mit Literatur oder mit Geschichte, mit einem der beiden Bereiche, denen man doch zuallererst prägende Kraft zutrauen möchte. Die Rückbesinnung auf pädagogische und didaktische Vergangenheiten reicht kaum über die Oberstufenreform der siebziger Jahre hinaus – als rühmliche Ausnahme pädagogischer Selbstreflexion hebt sich der Vortrag von Klaus Westphalen »Neue Schul- und Lernkultur? Kritische Würdigung des ‚pädagogischen Zeitgeistes'«[11] deutlich von seiner Umgebung ab. Im übrigen aber haben sich wissenschaftliche und administrative Systemsucht zu wahren Orgien des Abstrahierens, des Aufstiegs in die dünne Luft der Generalisierungen, vorgetragen in einem gebetsmühlenartig sich selbst reproduzierenden Jargon, zusammengetan – ich wüsste nicht anzugeben, was mir selbst nach intensivem Studium des Bandes dazu verhelfen könnte, auch nur *eine* Unterrichtsstunde besser zu erteilen als zuvor.

Die armen alten Sprachen haben inmitten all der Zukunftsbesessenheit und all den an Darwins Lehren gemahnenden Appellen, doch ja für den immer grimmiger werdenden Existenzkampf gerüstet zu sein, nichts mehr zu bestellen. Die Person, der freie Mensch bleibt auf der Strecke, und auch daran, dass dieser freie Mensch künftig wohl ebenfalls über viel freie Zeit verfügen wird, ist bei dem angestrengten allgemeinen Eifer des In-die-Pflicht-Nehmens kaum gedacht. Eine Ausnahme verdient auch hier genannt zu werden: Friedrich Maier hat das Forum 8 geleitet, »Kulturelle Bildung und Stärkung der schöpferischen

Kräfte«[12], und wenn dort auch von etwas so Antiquiertem wie dem Erlernen der antiken Sprachen nicht die Rede sein durfte (es war auf alle Schulgattungen und überdies noch auf die musischen Fächer und den Sport Bedacht zu nehmen), so nimmt man doch auch als Leser »kulturell gestärkt« Abschied von diesem Beitrag, einer Oase inmitten ausgedehnter Wortwüsten.

Auf Hubert Markls, des damaligen Präsidenten der Max-Planck-Gesellschaft, grundlegenden Vortrag (er hält die Spitze nach den Reden von Stoiber und Zehetmair) – »Bildung für die Welt von morgen« – bin ich noch gar nicht eingegangen. Ich habe im Tagungsprogramm ein paar Worte aus seiner Charakteristik der Geisteswissenschaften zitiert. Es genügt wohl, wenn ich das Zitat in etwas ausführlicherer Form wiederhole:[13]

»Ich möchte ... wirklich nicht gern über jene Bildung sprechen, die uns alle in schöner Regelmäßigkeit Festvorträge so schwer im Wachzustand überstehen lässt: historisch gewürzte, zitatengeschwängerte, klassisch-beflissen-belesene, vernissagefeste, orthographiehysterische Artikulationsfähigkeit, die die gebildeten Schichten – also z. B. unsereiner – von den sogenannten bildungsfernen Unterlingen – nämlich den ganz anderen – säuberlich distinguiert.«

Nun das zweite Beispiel. Die Alfred-Herrhausen-Stiftung, ein »Forum der Deutschen Bank«, hat im Juni des vergangenen Jahres ein Kolloquium veranstaltet;[14] das Thema lautete: »Orientierung für die Zukunft – Bildung im Wettbewerb«. Neben Vorträgen für alle Teilnehmer gab es wieder »Foren«, diesmal vier an der Zahl: »Globaler Bildungsmarkt – Standorte im Wettbewerb«; »Integration durch Bildung – Ideal und Praxis«; »Wissen für morgen – Neue Wege zur Innovation« und »Leistungsträger von morgen – Elitenbildung und -förderung«. Wie man sieht, ist dieses

Programm von Kopf bis Fuß auf Wirtschaft eingestellt, und hieran ändert auch die Tatsache nichts, dass der Germanist Wolfgang Frühwald in seinem Beitrag »Humboldt im 21. Jahrhundert« die Frage stellt: »Was gehört zum Bildungskanon von morgen?« Im übrigen war die Kultur in einer Weise präsent, die geradezu nach einem Petronius oder einem Fellini rief: Im Pergamon-Museum, vor dem Ischtar-Tor, fand ein »Dinner« statt; dazu rezitierte Bruno Ganz aus Goethes »Faust«. Die Tagung soll drei Millionen Mark gekostet haben, für den Veranstalter bekanntlich »Peanuts«.

Rechtzeitig zur Tagung erschien unter demselben Titel ein Sammelband; er enthält Beiträge von herausragenden Funktionären der Politik, der Wirtschaft und der Wissenschaft.[15] Der rasche Wandel in aller Welt, heißt es dort, mache neue Leitbilder erforderlich; der Mensch benötige mehr Anpassungsfähigkeit, Reaktionsschnelligkeit und experimentelle Gesinnung, und wenn er regieren möchte, dann brauche er auch »Verhandlungs- und Schnittstellenkompetenzen.«[16] Der Bildung (womit meist Ausbildung gemeint ist) werden drei Aufgabenfelder zugewiesen: die Politik, die Gesellschaft und die Wirtschaft. Im ersten Teil kommt Wolfgang Thierse zu Wort;[17] er weiß als einziger zu berichten, dass der traditionelle Bildungskanon des 19. Jahrhunderts zum Aufstieg der deutschen Wissenschaft und Technik beigetragen habe (wobei er seltsamerweise das Wort *deutsch* in Anführungszeichen einpackt) – und belässt es gleichwohl, ohne im mindesten Konsequenzen daraus zu ziehen, bei einem profillosen Sammelsurium von »Kompetenzen«. Im Teil »Gesellschaft« beruft sich der Rabbiner John D. Rayner mit Entschiedenheit auf die jüdische und die evangelische Bischöfin Margot Käßmann recht zaghaft auf die christliche Tradition[18] (*»Christliche Ethik«*, schreibt sie, *»bietet einen möglichen Orientierungsrahmen«*). In diesen beiden Beiträgen werden ausnahmsweise nicht nur Ziele, sondern auch Wege genannt – Wege allerdings, die dem Nicht-Juden und dem Nicht-Christen nicht zugänglich sind. Die Enthüllung der Zukunft (in einem besonderen Abschnitt: »Ausblick«) obliegt Wolfgang Frühwald, dem einstigen Präsidenten der Deutschen Forschungsgemeinschaft und jetzigen Präsidenten der Alexander-von-Humboldt-Stiftung;[19] was er dort enthüllt, ist so kümmerlich, dass ich mir auch von seinem mündlichen Tagungsbeitrag nichts Erhellendes verspreche. Der bürgerliche Kanon, meint Frühwald, sei dahin; die Fortschritte der Molekularbiologie und der Neurowissenschaften hätten ihn obsolet gemacht – doch (versichert er) *»ein neuer Kanon entsteht«*. Den Beweis allerdings, warum ausgerechnet Fortschritte der jüngsten Jahrzehnte (und warum nicht, z. B., die Physik Max Plancks und Einsteins?) die europäische Tradition von Jahrtausenden entwertet haben sollen, bleibt Frühwald schuldig, und ebenso wenig kann er einen Hinweis geben, woher der »neue Kanon« kommen soll.

IV

Der Befund ist bedrückend. Er zeigt, dass die Wortführer der neuen, der zukunftsorientierten »Bildung« außerhalb aller Tradition stehen, sei sie christlich, sei sie humanistisch, sei sie einfach an unserer Überlieferung orientiert. In diesen Kreisen hat man alle Last der Geschichte von sich geworfen, und so sieht man sich einem Vakuum gegenüber, das man mit Leerformeln zu füllen sucht. Es ist, als ob Europa keine Vergangenheit hätte, als ob es mittellos und ohne Erbe dastünde.

Die alte Bildung, die Bildung zum Menschen, die sich unter diesen Voraussetzungen nicht mehr definieren lässt (so definieren lässt, dass die Definition allgemein Zustimmung findet) – diese Bildung ist auch kaum noch vermittelbar. Ein gut Teil unserer Politiker, unserer Wirtschafts- und unserer Wissenschaftsfunktionäre scheint sich inmitten von allerlei futurologischen Heilslehren und einem aufgeblähten Imponierjargon wohl zu fühlen wie der Fisch im Wasser; wie sollte sich, wer hier angekommen ist, veranlasst sehen, zu den Werten von einst zurückzukehren?

Die übrigen aber sind großenteils im Nützlichkeitswahn befangen. Selbst das von einer Schule wie dem Hamburger Johanneum geladene Publikum wusste, wie mir unlängst ad oculos demonstriert wurde, kaum nach Wichtigerem, Wesentlicherem zu fragen als immer nur nach dem Nutzen des Lateinischen. Dies ist ein seltsames Paradox unserer Zeit: Noch nie schienen unsere wirtschaftlichen Ressourcen so gesichert zu sein, noch nie gab es eine so lange Periode ungeschmälerten Wohlstands für die meisten – und noch nie hat man in Bildungsfragen so einseitig und so ängstlich auf Nützlichkeit, auf Nützlichkeit für das berufliche Fortkommen des einzelnen, gepocht, so dass die Wirtschaftsleute leichtes Spiel haben, alle Welt von ihrem Standpunkt zu überzeugen. Die Peitsche der Angst vor wirtschaftlicher Rückständigkeit vertreibt die letzten Reste freien, nicht von äußeren Rücksichten diktierten Lernens. Für Selbstentfaltung, für den gelassenen Erwerb eines weiten Horizonts kann keine Zeit mehr erübrigt werden. Man predigt vor tauben Ohren; man fühlt sich angesichts der versteinerten Gegensätze an das hochmütig klingende Hölderlin-Wort erinnert (aus »Menschenbeifall«):

Ach! Der Menge gefällt, was auf den Marktplatz taugt,
Und es ehret der Knecht nur den Gewaltsamen;
An das Göttliche glauben
Die allein, die es selber sind.

So möchte ich jedoch nicht schließen. Ich möchte vielmehr die Thesen wiederholen, mit denen ich auch jüngst in

Hamburg meine Darlegungen über den Bildungskanon und die Bildungsidee beendete, Thesen, mit denen ich zu beantworten suchte, was man denn angesichts der jetzigen Lage noch für die Bildung, die Allgemeinbildung im hergebrachten Sinne tun könne.

Man kann erstens versuchen, einer weiteren Instrumentalisierung der Bildung für bestimmte Zwecke zu wehren. Tendenzen zu solcher Indienstnahme sind vorhanden; sie manifestieren sich überdeutlich in den als Exempel vorgeführten Tagungen. Wir sind vielleicht schon Insassen einer belagerten Burg.

Zweitens lassen sich im jetzigen, im zur Zeit bestehenden Ensemble der Unterrichtsfächer die allgemeinbildenden Komponenten verstärken, bei den modernen Fremdsprachen z.B. durch mehr Lektüre anspruchsvoller Literatur oder in den Naturwissenschaften durch mehr Eingehen auf fundamentale Sinnzusammenhänge.

Drittens kann eine trotzige Minderheit darauf bedacht sein – bei aller Bereitschaft, auch das andringende Neue zu rezipieren –, an einem Kern des Alten, des Überkommenen festzuhalten. Wie die geschichtliche Erfahrung lehrt, ist der Mensch ein ziemlich unberechenbares Wesen, was glücklicherweise auch in dem Sinne gilt, dass von Untergang bedrohte geistige Bereiche zurückerobert werden können. Schwundprozesse müssen sich nicht gradlinig bis zum Wert Null fortsetzen; für Richtungsänderungen aber ist es wichtig, dass ein Grundbestand an Kontinuität gewahrt geblieben ist.

Anmerkungen

1 Vortrag, gehalten am 4. April 2002 auf dem Kongress des Deutschen Altphilologenverbandes in Dresden (2. – 6. 4. 2002). Es handelt sich also um einen Stoßseufzer intra muros, bestimmt für Zuhörer, denen der Wind täglich aus der hier beschriebenen Richtung ins Gesicht bläst. Da möge es erlaubt sein, gelegentlich »mit polemischer Lust dareinzuschlagen« (Süddeutsche Zeitung, 6./7. 4. 2002). Der erste Abschnitt des Folgenden resümiert, was ich u. a. in dem Reclam-Bändchen Bildung – Europas kulturelle Identität, Stuttgart 2002, dargelegt habe.
2 Die Erlebnisgesellschaft – Kultursoziologie der Gegenwart, Frankfurt/M. 20008.
3 Es würde sich hauptsächlich um ein Resümee der einschlägigen Kapitel meines Buches Latein und Europa – Geschichte des gelehrten Unterrichts in Deutschland von Karl dem Großen bis Wilhelm II., Köln 2001, handeln.
4 Das Folgende nach Wulff D. Rehfus, Wie viel Pädagogik braucht das Gymnasium?, Manuskript, das mir freundlicherweise vom Baden-Württembergischen Ministerium für Kultus, Jugend und Sport, Stuttgart, überlassen wurde.
5 Schreiben des Deutschlandfunks, Campus & Karriere, vom 22. 1. 2001 an den DuMont Buchverlag, Köln: Interviewanfrage M.F., anlässlich seines Buchs »Latein und Europa«.
6 Am 14. 12. 2001; Verfasser: Martin Ebel.
7 A. a. O., S. 185f.
8 München 1983, S. 456.
9 Vgl. Peter von Matt, Begeisterung, das ist die große Crux, Frankfurter Allgemeine Zeitung, 12. 1. 2002.
10 München 1998. Herausgeber ist das genannte Ministerium, Salvatorstraße 2, 80333 München.
11 A. a. O., S. 83–100.
12 A. a. O., S. 269–281.
13 A. a. O., S. 41.

14 Das Folgende nach der Einladung zum 9. Jahreskolloquium, 15./16. Juni 2001, Berlin, Unter den Linden.
15 Herausgegeben von der Alfred-Herrhausen-Gesellschaft für internationalen Dialog, München-Zürich 2001.
16 A.a.O., S. 39; 171; 62 ff.
17 A.a.O., S. 46–61.
18 A.a.O., S. 104–112 und 113–119.
19 Bildung in der Wissensgesellschaft, a.a.O., S. 197–213.

Das Sich-Bilden in solchen Kategorien bedarf der Zeit, der Anstrengung und vor allem der geeigneten Inhalte.

Friedrich Maier

Wissen – Bildung – Gymnasium
Die klassischen Sprachen
in der »Wissensgesellschaft«

Wir stehen vor dem Aufbruch in die »Wissensgesellschaft«. »Wissen« ist zum prägenden Merkmal unserer Zeit geworden; es bestimmt, ja beherrscht das Leben mehr als alles andere, so scheint es. »*Die Menge des Wissens ist*«, wie man liest, »*exponentiell gewachsen*«. Das weltweit erarbeitete »Wissen« verdoppelt sich alle fünf bis sieben Jahre. Die Zukunft verlangt, so meint Hubert Markl, der ehemalige Präsident der Max-Planck-Gesellschaft für Wissenschaft und Forschung, nach dem »Wissensriesen«.

1. Welches Wissen ist zu vermitteln?

Doch dass ein solcher »Wissensriese« illusorisch ist, weiß jeder. Die Aufnahmekapazität des Gehirns bleibt beschränkt, mögen die Informationssysteme auch noch so leistungsstark sein. Die »Wissensmassen« verlangen nach Selektion. Allerdings ist das »Wissen«, das der Mensch für seine Zukunft braucht, umso schwerer zu bestimmen, je kürzer sein Verfallsdatum ist. Was also soll man sich von dem unaufhörlich aus allen Kanälen und Röhren quellenden

»Wissen« aneignen? Was soll man davon den Heranwachsenden vermitteln? Nicht wenige sehen in dieser Frage die größte Herausforderung, der sich die Schule je gegenübersah. Für die einen ist nur das aktuell notwendige »Wissen« der Lehre wert, insoweit es ein erfolgreiches Studium und das schnelle Vorwärtskommen im anschließenden Beschäftigungssystem garantiert, jederzeit austauschbar und durch neues »Wissen« zu ersetzen. Alles, was nicht an diesem funktional-ökonomischen Prinzip orientiert ist, sei, so die harten Business-Manager, Ballast im Gehirn, raube dem jungen Menschen nur seine Zeit, halte ihn vom Beruf fern und entziehe ihn damit dem Konkurrenzkampf des Marktes.

Andere, die im Menschen nicht ein Verfügungsobjekt außerindividueller Mächte sehen, sondern, wie z. B. der Gehirnforscher und Nobelpreisträger für Medizin Gerald M. Edelman (»Göttliche Luft, vernichtendes Feuer«, 1972), ein Wesen *»mit höherem Bewusstsein«,* das bestimmt sei von Intentionalität, von Selbstheit, von Sprache, von Logik, von der subjektiven Erfahrung von Welt und Geschichte, schließlich von Sinnhaftigkeit, wollen zum bloß funktionalen »Wissen« hinzu ein anderes »Wissen« im heranwachsenden Menschen anlegen. Dem liegt die Überzeugung zugrunde, dass »Wissen« ein relationeller Begriff ist; Wissen existiert nur in Bezug auf eine Person, die darüber verfügt. Wissenswerte Stoffe werden erst durch energische Aneignung, durch bewusste und gezielte Integration in den Gedächtnishaushalt des Menschen zu Wissen, zu einer Erkenntnis. Wissen gibt es nur als Besitz des Menschen, wenn es von jemandem gewusst wird; ansonsten bleibt alles nur Information. Insofern lässt sich »Wissen« nicht einfach aus dem Lexikon holen oder aus dem Internet »herunterladen«, mögen dort auch noch so viele Informationen bereitgestellt sein. Der Prozess der Aneignung von Wissen bedarf immer längerer Zeit und ist für den Wissbegierigen stets mit

Anstrengung verbunden, aber für die meisten durchaus nicht ohne innere Befriedigung.

Welchen Selektionskriterien aber muss solches Wissen genügen? Nach dem Soziologen Hermann Lübbe muss es *»zeitüberdauernde Gültigkeit«* haben; er nennt es deshalb *»klassisch«*, *»weil es alt ist, aber nicht veraltet«* (»Sinn und Wert des Lebens: Orientierungsprobleme in der zivilisatorischen Evolution«, München 1998). Der Philosoph Jürgen Mittelstrass hat in einem Beitrag »Zukunft braucht Herkunft« (Nürnberg 2001) leidenschaftlich dafür plädiert, *»beim Preis des Wissens wieder an das Beständige zu denken«*; er nennt als Kriterium *»fundamental«*, weil nur solches Wissen *»ein wirkliches Bildungsfundament«* garantiere. Die tiefgründigsten und anregendsten Gedanken zur Wissensproblematik stammen aber sicher vom Theologen und Philosophen Leo J. O. Donavan, dem Präsidenten der größtenteils wirtschaftswissenschaftlich ausgerichteten Georgetown University in den USA, die er in einem Berliner Vortrag (»tempi – Bildung im Zeitalter der Beschleunigung«, 2000) geäußert hat. Er schreibt: *»Was ist es, was wir wissen wollen sollen? Das ist die entscheidende Frage der Zukunft.«* Donavan spricht von einem *»Weltwissen«*, das sich jeder aneignen sollte und das bei seinem Besitzer zu *»Lebenswissen«* werden müsse, *»zu einem Wissen, das mir und meinen Mitmenschen hilft, das Leben zu meistern«*, und zwar innerhalb und außerhalb des Berufes.

2. Wissen und Bildung

Donavan bringt Wissen in engste Verbindung mit dem Begriff der Bildung. *»So lautet meine grundlegende Perspektive, die alle anderen Überlegungen zur Bildung bestimmt: Wie kann aus Weltwissen Lebenswissen gemacht werden?«*

Aneignung und Integration von Wissen in den Gedächtnishaushalt – Seneca hat dies einmal das »*Verdauen des Stoffes zu Körpereigenem*« genannt – werden als Prozess verstanden, den man Bildung nennt. Wissen, das sich im oft aufreibenden Vorgang der Bildung im Menschen anlagert, dabei Teil seines Selbsts wird, ist ein Konstituens seiner Persönlichkeit. Wissen macht – neben den Lebenserfahrungen – den wesentlichen Teil der personalen Identität des Menschen aus, wie uns die Pädagogik lehrt. Erst durch Bildung kommt der durch die Evolution zustande gekommene Standard des Menschen als eines »*Wesens mit höherem Bewusstsein*« voll zum Tragen, da sich seine Fähigkeiten zur Sprache, zur Logik, sein Gespür für Zeit und Geschichte, überhaupt sein Vermögen, das Leben als sinnvoll zu erfahren, nur auf der Grundlage angeeigneten Wissens entfalten und steigern können.

Dass hier im Verhältnis von Wissen und Bildung das funktional-ökonomische Kalkül keineswegs der alleinige oder auch nur der ausschlaggebende Maßstab ist, steht außer Frage. Donavan bringt dabei – nach Friedrich Nietzsche – »*das Prinzip des Nutzens des Übernützlichen*« ins Spiel. »*Für uns alle kommt es darauf an, dass wir uns nicht einem Konformismus der Beschleunigung unterwerfen. Ein eindimensionaler Beschleunigungskonformismus vernichtet den Reichtum des Lebens.*« Deshalb sieht er in den großen Bildungsgegenständen gleichsam eine »*transfunktionalistische Gegenkraft*«, die zum nachdenklichen Stillhalten anstößt, zur Selbstbesinnung, zur Reflexion über die Mechanismen, denen wir zwanghaft ausgesetzt sind, letztlich dazu, dass uns unsere Existenz als Wesen mit höherem Bewusstsein überhaupt bewusst wird. Erst der sich seiner selbst bewusste Mensch, der sich auch eine Auszeit aus dem sich zunehmend beschleunigenden Prozess ökonomischer Erfolgsstrategien zu nehmen imstande ist – darin eben sei »*der Nutzen des*

Übernützlichen« zu sehen – verwirklicht sich voll und effizient in Freizeit und Beruf. Er verwirklicht sich als Persönlichkeit, die sich durch Unverwechselbarkeit, Ichstärke, Urteilskraft, Leistungsvermögen, Problembewusstsein, sicheren Lebensstand, Menschenkenntnis, Sinn für ethische und ästhetische Werte, Verantwortungsbereitschaft und Verantwortungsfähigkeit definiert. Das Sich-Bilden in solchen Kategorien bedarf der Zeit, der Anstrengung und vor allem der geeigneten Inhalte. Eine Bildung ohne Inhalte ist nicht vorstellbar. Nur aus »Weltwissen« kann das angestrebte »Lebenswissen« gewonnen werden. *Nihil ex nihilo.*

Was aber sind die Elemente des »Weltwissens«? Es sind die Inhalte der Überlieferung als unseres kollektiven Erinnerungsschatzes; es sind die in langer Tradition gewachsenen Grundlagen unserer Kultur, d. h. des Kulturraumes, in dem wir leben, eben Europas. Indem wir die nachfolgende Generation damit intensiv vertraut machen, geben wir, wie bereits gesagt, nicht nur jedem einzelnen den Anstoß dazu, seine personale Identität zu finden, wir wecken im jungen Menschen zugleich den Sinn für das, was man heute überall als »europäische Identität« im Munde führt. Zweifellos ist ja richtig: Je mehr sich die Tendenz zur Globalisierung verstärkt, umso dringlicher wird die Selbstfindung der Europäer. Erst ein starkes europäisches Selbstbewusstsein macht das Verhältnis zu den Fremdkulturen natürlich und unverkrampft.

»Weltwissen« hat immer den Zug ins Universale, zum Allgemein-Gültigen; es ist übergreifend, reicht über Personen, Werke, Ereignisse, Epochen hinweg; es gründet auf Zusammenschau, Vergleich und Kontrast, auf wechselseitiger Beziehung. Deshalb verlangt seine Aneignung das Herstellen von Zusammenhängen, das Erfassen von Vernetzungsstrukturen innerhalb der kulturellen Entwicklungen, oft über große Zeitabstände hinweg. Man spricht hier von historischer Kommunikation. Sie verhindert, dass das Wissen isoliert bleibt, als »Inselwissen«, »Häppchenwissen« oder »Trümmerwissen«, das, da unverbunden und zerstückelt, rasch in den Abgründen des Gehirns versickert. Die Kommunikationspsychologie, d. i. die Theorie des richtigen Lehrens, nennt solches Wissen »träge«. Den Gegensatz dazu stellt das »flexible« Wissen dar, das in Zusammenhänge verankert wird, durch bewusstes Herstellen von Verbindungen, auch durch grenzüberschreitende Kombination in Sach- und Problemprojekten; solches Wissen bleibt innerhalb eines kohärenten Verständnisses von Sachen, Personen, Zeiten und Ideen für lange Zeit verfügbar, da es auf einer neurophysiologisch günstigen Motivationsbasis aufruht, auf der sich Bedürfnisspannung und Interessenserwartung verstärkt einstellen, so dass man sogar nach noch mehr Wissen verlangt. Das limbische System im Gehirn produziert dann nämlich »*Nervenbotenstoffe, die darüber entscheiden, was aufmerksam wahrgenommen und als so wichtig klassifiziert wird, dass es erinnert wird*« (Uwe Multhaup, »Prozedurales Wissen und Fremdsprachenunterricht«, 1997).

3. Der zentrale Ort der Vermittlung: das Gymnasium

Der Ort, an dem »Weltwissen« in der angedeuteten Form vermittelt wird, ist das Gymnasium; seine Tradition ist dafür Gewähr. Wenn es seiner Selbstdefinition gerecht werden will – es versteht sich seit je als Schule der »vertieften« oder »umfassenden« Allgemeinbildung –, muss es sich in Methode und Inhalt zentral der neuen Herausforderung der »Wissensgesellschaft« stellen. Das Aneignen von Wissen muss zu einem Erfahrungs- und Erkenntnisprozess werden, in dem in zunehmendem Maße horizontal über die Fachgrenzen hinweg und vertikal durch die Zeitepochen hindurch

Zusammenhänge von den Lernenden erfasst werden; man darf es durchaus vernetztes Denken nennen, das hier aktiviert wird. Das Gymnasium sollte den jungen Menschen – nach dem Kulturwissenschaftler Hans Maier (»Die Zukunft unserer Bildung«, Stuttgart 1995) – »*ordnende Orientierung*« geben. »*Wichtig ist nicht, einen Wust von Wissensinhalten zu präsentieren und diese stupide auswendig lernen zu lassen, sondern den Schülern ein Gerüst zu bauen, ihnen Wege zu zeigen, deren Beschreibung sie letztendlich selbst auf sich nehmen müssen.*« Die Systematik des Faches ist dabei das eine, die fächerübergreifende Zusammenschau das andere; flexibles, also in Zusammenhänge eingeordnetes Wissen ergibt sich nur aus beidem. Wissenswerte Stoffe, die durch Aneignen zu Wissen werden, haben alle eine historische Dimension. »Weltwissen«, das die Merkmale von »dauerhaft«, »klassisch« und »fundamental« trägt, ist in jedem Falle in der Tiefe der Geschichte verankert. Vertiefte Gymnasialbildung darf deshalb Fächer, die mit ihren Inhalten diese Dimension erschließen, nicht an den Rand drängen oder gar exkludieren. Neben den Naturwissenschaften haben die Geisteswissenschaften ihren gleichberechtigten Platz; das Wissen der einen ist nicht weniger wichtig als das der anderen. Jede Einseitigkeit wäre Verrat am gymnasialen Selbstverständnis.

Wo wird »Weltwissen« zu »Lebenswissen«? Zu allererst im Leben selbst. Doch Schule ist bereits Teil des Lebens. Die »*grundlegende Perspektive*«, die – nach Donavan – alle anderen Überlegungen zur Bildung bestimmt: »*Wie kann aus Weltwissen Lebenswissen gemacht werden?*«, betrifft genuin das Gymnasium, mehr als alle anderen Schularten. Wie kann dies geschehen? Indem das »Weltwissen« in Bezug gesetzt wird zu den aus dem Zeitdiskurs erschließbaren Existenzfragen des Menschen; sie lauten heute etwa:

1. Wie ist der Kulturraum, in dem ich lebe, Europa, zustande gekommen?
2. Von welchen Wertvorstellungen ist »die europäische Idee« geprägt und inwiefern sind diese verteidigenswert?
3. Warum und wie hat sich die Demokratie als das tragfähigste politische System zur Verwirklichung der sogenannten »Werte der westlichen Welt« erwiesen?
4. Inwiefern ist das die Demokratie tragende Prinzip der Freiheit – gerade in Anbetracht der Geistbegabung des Menschen – mit großen Chancen, aber auch mit großen Risiken verbunden? Welche Konsequenzen ergeben sich daraus besonders im Umgang mit der Natur?
5. Warum muss jede an der politischen Spitze stehende Person die Spannung zwischen Macht und Moral in extremem Maß aushalten und wie kann sich das auswirken?
6. Worin liegen Größe und Grenzen der Redefähigkeit des Menschen angesichts des hohen informationstechnischen Standards und des dadurch enorm erweiterten Wirkungsbereichs der Redner, zu denen heute auch und gerade Moderatoren und Journalisten zählen?
7. Wie kann man sich kritisch mit Herrschaftsformen und gesellschaftlichen Konventionen auseinandersetzen?
8. Inwiefern muss die Gestaltung des Lebensraumes der Bürger auch kulturellen Ansprüchen genügen?
9. Was bedeuten für mich Liebe und Partnerschaft? Welches Verhältnis habe ich zu meiner Sexualität?
10. Wie kann ich in der Überfülle des medialen und merkantilen Angebots mein Leben unabhängig, nicht manipuliert, in Distanz zu den Modetrends, ausgeglichen, sinnerfüllt und glücklich gestalten? Wie verhalte ich mich dabei zu meinen Mitmenschen? Wie gehe ich mit Schicksalsschlägen und Leid bei mir selbst und bei anderen um?

Diese Fragen, die sich so oder ähnlich formulieren lassen, reichen über die Tagesereignisse hinaus, sie sind selber dauerhaft gültig. Doch sie brennen uns mehr oder weniger auf den Nägeln, manche sind im Hinblick auf die weltpolitischen Konflikte oder auf das naturwissenschaftliche Forschungsdilemma geradezu brisant aktuell. Sie sind deshalb auch immer Fragen der Zeit und des augenblicklichen Lebens, mit denen sich zumal der gebildete Mensch konfrontiert sieht. Die Summe solcher Fragen bildet gewissermaßen den gymnasialen Plafond, auf den blickend sich die einzelnen Disziplinen zur Zusammenarbeit angeregt fühlen sollten. Denn fast jedes Fach kann hier seinen authentischen Beitrag leisten; auch Physik, Chemie und Biologie haben etwa in der Frage eines angemessenen Verhältnisses zur Natur nicht wenig zu sagen – zumindest ein Ansatz dazu, in der Wissensproblematik die leidige Kluft zwischen den »zwei Kulturen« am Gymnasium zu schließen. Keine der aufgelisteten Fragen lässt sich endgültig beantworten; es genügt, sie bewusst zu machen, sie so an die jungen Menschen zu bringen, dass sie darin sie betreffende »Lebensfragen« erkennen und dass das Wissen, das sie sich rund um solche Fragen erarbeiten, ein *»Wissen ist, das mir und meinen Mitmenschen hilft, das Leben zu meistern«.*

Die Hardliner der Bildungspolitik, für die »Wissen« außerhalb des in Börsenindices und Verkaufsquoten sichtbaren Nutzens »wertlos« ist, werden die angedeuteten »höheren« Bildungsinhalte zweifellos auf den Müll kehren. Man benötigt heute, so sagte es kürzlich der die Interessen der Wirtschaft vertretende Medienwissenschaftler Klaus Boeckmann (Klagenfurt 2002), nur noch ein sogenanntes »Just-in-time-Wissen«, um erfolgreich zu sein. Solch platter Utilitarismus richtet sich von selbst. Donavan hält jedoch zudem den ökonomistischen »Bildungs«-Planern entgegen, dass sie letztlich gegen ihre eigenen Interessen denken und handeln. Der nur linear ausgebildete Spezialist verbrauche sich in der unerbittlichen Hektik und Hetze des wissenschaftlichen und ökonomischen Konkurrenzkampfes sehr schnell; er laufe stets Gefahr, innerlich zu verbrennen (burnout-Syndrom). Jeder Mensch brauche deshalb auch »Zeitoasen«, in denen er sich wieder restauriert, seine psychischen und geistigen Energien auffrischt, seiner kreativen Phantasie neue Impulse gibt.

Solche Oasen der »Entschleunigung« in der »beschleunigten Welt« (so auch die Zielsetzung des Forschungswettbewerbs »Deutscher Studienpreis« der Körber-Stiftung 2002) werden in den Räumen der Kultur gesehen, in denen die Traditionen gepflegt werden, die als »*Widerlager und Stabilisatoren der personalen wie auch der kulturellen Identität wirken*« oder, wie es jüngst Heike Schmoll (FAZ 2002) ausgedrückt hat, »*die kollektive Amnesie*« verhindern. Donavan spricht hier von einem Sabbatparadox, das er folgendermaßen erklärt: »*Eine Wirtschaft, die kurzfristig Geld verdienen muss, schafft es nicht für all das zu sorgen, was sie langfristig braucht. Deswegen helfen die Schulen und Hochschulen dem Beschäftigungssystem dadurch, dass sie Bildungsinhalte ausweisen, die dem Gedächtnis, der kulturellen Identität und der Erinnerung dienen. Das Sabbatparadox lehrt, dass Musik-, Kunst- und Literaturunterricht, im Spezialfall sogar Latein und Griechisch langfristig und aufs Ganze gesehen wegen ihrer übernützlichen Potenzen auch der Wirtschaft dienen – vielleicht sogar mehr als die Einführung eines Schulfaches Wirtschaftskunde. Solche Sabbatinhalte, Sabbaträume und Sabbatzeiten brauchen wir an unseren Schulen. Sie sind Inseln der Reflexion und Selbstentfaltung. Sie nützen langfristig auch dem Beschäftigungssystem. Vor allem aber nützen sie dem Leben.*«

> *Dem solcherart Angesprochenen wurde die Dichtung der Alten zum Interpretationsmittel der eigenen Existenz.*

Durs Grünbein

Zwischen Antike und X

I

Um zu den Wurzeln zu gehen oder *in medias res:* ja, auch ich verdanke die wichtigste Schreiblektion der römischen Literatur. Von dort her kam mir alle Kritik der Verbalkraft entgegen. Sie war es, die das Bewußtsein für das Subjektive (die Schönheit) und das Objektive (die Motorik) bestimmter Wortverbindungen weckte. In welcher Epoche, Sprache oder Poesietradition auch immer, die Spur führte noch jedesmal zurück auf den harten Kern römischer Ausdruckskunst. Es war das Straffe und Vorwärtsdrängende lateinischer Verse, das mich in Bann schlug, ihr athletischer Stil, wie er sich aus der festgefügten Grammatik ergab, aus dem Zusammenspiel dieser gleichsam ineinander verzahnten Satzglieder. Perpetuum mobile – keine andere Sprache war so sehr Maschine; eine Maschine, die alles Psychische und Flüchtige in etwas Präzises und Transitives verwandelte, in ein Produkt von dauerhafter Bedeutung. Die Schubkraft der Syntax, das Spiel der Ausdrucksmuskeln im Griff der Kolone bewirkte, daß einem das Dichterwort im Lateinischen als etwas quasi Gegenständliches entgegentrat, als Plastik aus Silben, vokalisches Artefakt. Und so stark war der Eindruck, daß auch die Nachmittagsmüdigkeit während des Volkshochschulkurses ihn nicht hat verwischen können.

Das Reale, Natur und Gesellschaft, so schwer domestizierbar, in dieser Sprache nahm es, kommende Zeiten prägend, Gestalt an. Latein, das war das perfekte Gehäuse, in dem die Affekte sich austoben konnten, ein Gedanken-Panzer, den Ideen fest angegossen, nach außenhin unerschütterlich, mit Raum genug für Emphasen im Innern, ein Medium wie geschaffen für Jurisdiktion und Verskunst. Wo sonst waren Zeilen wie diese möglich – Horaz: »Nos numerus sumus et fruges consumere nati«? (Nullen sind wir, die Früchte der Erde verbrauchend.)

Sprache als Codex: ein Vorrat von Signifikanten für den Fremdling auf Erden, den Landvermesser, der sein Utopia sucht, und in sich trägt er die Wüste. Es war die Rhetorik der Anthropologie, die einen immer wieder zurückrief in die Antike. Dem solcherart Angesprochenen wurde die Dichtung der Alten zum Interpretationsmittel der eigenen Existenz. Vom Trauergesang des Ovid bei den Barbaren am Pontos Euxeinos bis zum Großstadtgezänk vor den Toren des Kolosseums im Rom der Satirendichter war in Wort und Bild festgehalten, woran die Körper zuschanden wurden, solange Affekte sie trieben. Die Zensur der Sinnlichkeit schlich sich erst später ein, als Symptom der Moderne, Resultat der Gewöhnung an den einzigen Gott. Antike Dichtung läßt sich nur vielstimmig denken, als physischer Polytheismus. Nichts wurde ausgespart, keiner der Triebe blieb sprachlos. Von den Idiosynkrasien des Einzelnen zu den Infamien der Massen politischer Tiere, von der Wehmut des Eros zur kältesten Grausamkeit war alles Maß genommen in Ode und Epigramm, Epos und Elegie. Zauber der Form – *ultima ratio* im verbalen Gestöber, den Gleichgesinnten die haltbarste Phantasmagorie. Dies würde erklären, warum das Lateinische die Sprachverliebten bis auf den heutigen Tag fasziniert. Es scheint, als hätten wir hier eine *lingua universalis*, der die lyrischen Metren so inhärent waren, daß sie durch bloße Selbstbesinnung der Sprache zum Vorschein kamen. Die Versmaße bildeten den beweglichen Schuppenpanzer, der die redegewandten, in die Rede gewandeten Körper, mit ihren widerstrebenden Leidenschaften zusammenhielt. Im Lateinischen steckt der Befehl zum aufrechten Gang, sein Alphabet ist das der Charakterbildung – der Buchstabe ist der *character*. Eine Sprache, die Wirklichkeit raffte, so kompakt und begriffsstark wie kaum eine andere seither. So müßte die Schwerkraft sprechen, wären ihr Stimmbänder gegeben. In dieser Sprache war alles Augenmaß, packender Duktus, ein Maximum an Bedeutung auf engstem Raum. Ineinsgefaßt waren hier Physis und Psyche des *homo mortalis*, seine Erinnerung an die Ahnen und Götter, der unerschöpfliche Mythenkosmos und sein kurzes Leben als im Verb konjugierte, in Person, Ding und Begriff deklinierte Zeit. In den Versen ihrer Dichter wurde sie zum Requiem für die *disiecta membra* all der Millionen, denen Latein einst die Muttersprache war, eine virtuose und strenge Begleitmusik für ihren Einzug ins Erdreich. Heute ist sie ganz und gar Literatur, Gegenstand philologischer Eifersucht, nützlich allenfalls noch als Instrumentarium für Pathologen und Altertumsforscher, eine tote Sprache für tote Objekte. Dagegen kann man sich Griechisch seltsamerweise noch immer als Parlando unter Zeitgenossen vorstellen. Das Gemurmel der Sappho klingt so nah und vertraut, als hätte man eben erst ein Ferngespräch mit Lesbos geführt, und der Telefonhörer ist von der Ohrmuschel noch warm. »Gänzlich, wenn du einst stirbst / schwindest du hin. / Niemand wird dein gedenken. / (…) / Und du verlierst dich schon bald / irrenden Fluges / unter den fahlen Toten.«

II

Um von der Antike sich Rechenschaft zu geben, ihrem hartnäckigen Einfluß, gilt es zuallererst, beide Ohren fest zu verstopfen wie die Gefährten des Odysseus. Man kommt nicht sehr weit, lauscht man dem christlichen Sirenengesang, der seit Jahrhunderten ablenkt von den klassischen Texten. Mehr noch, man müßte zuerst die Stimme des eigenen Ichs unterdrücken lernen, denn die Beschwichtigungen kommen von innen, aus dem eigenen Echoraum.

Von antiker Dichtung zu sprechen heißt, wie Nietzsche gezeigt hat, vom Verdrängten zu sprechen. Alles verkümmert zu einer Handvoll Münzen, bleibt man den Evangelien hörig, ihrer subtilen Zensur, oder den Reden der Aufklärung, in der das Rätseldickicht zur apollinischen Sage gelichtet ist. »Viel lügen die Dichter«, bemerkte Solon, der Dichter als Staatsmann, in der ununterscheidbaren Diktion von Sentenz und Dekret, wie sie den griechischen Vorvätern eigen war. Doch dieses Lügen war voller anthropologischer Einsichten, an denen seit Platon die Welt- und Gewissensverbesserer sich die Zähne ausbeißen sollten. Die Lektüre der Griechen, der Römer hilft uns, den physischen Menschen wiederzuentdecken, dieses sterbliche Wesen, das die Vergänglichkeit mit der Seelenruhe des Stoikers annahm. Von Simonides bis, sagen wir, Boethius herrschte in diesem Punkt Einmütigkeit. Das Gedächtnis für die Dramen der Gattung ist keine Erfindung der Bibel. Es fängt mit der Selbstbewußtwerdung des Menschen an, der sich als Einzelner unter Vielen begreift, und es beginnt im Zeichen der Krise. Boethius' *Trost der Philosophie*, wie spät auch immer verfaßt, weiß soviel davon wie die Fragmente des Heraklit. Ein Politiker sitzt in Einzelhaft, er ist zum Tode verurteilt und schreibt sein philosophisches Testament. Sein letzter Dialogpartner ist eine Frau, ein Wesen wie Diotima, die

Priesterin der *philosophia*. Sie fragt ihn: »Du erinnerst dich doch, daß du ein Mensch bist?« Und Boethius entgegnet ihr: »Wie könnte ich das vergessen?« Darauf sie: »Solltest du also bestimmen können, was das ist: ein Mensch?« »Ich weiß es, und ich bekenne mich dazu«, erwidert der Todgeweihte. »Und was du sonst noch bist, weißt du nicht?« »Woher denn?« Woraus sie schließt: »So erkenne ich nun auch die andere, größere Ursache deiner Krankheit: Du weißt nicht mehr, was du selbst bist«.

Ein ganzes Jahrtausend lang hat der antike Mensch versucht, durch Fragen wie diese, Antworten wie diese, sich selbst auf die Schliche zu kommen. Der Dialog war das bevorzugte Werkzeug solcher Recherche. In ihm kommt die Kriegslist des Denkens – techne sowohl als auch mechane – zum Einsatz. Er ist die unübertroffene Kunstform der Alten, neben Tragödie, Epistel und Ode der Höhepunkt unter den literarischen Techniken. Dem antiken Menschen, über sich selbst hinaus gewachsen, ein Kompendium an unlebbarer Lebensklugheit, war jede Gewißheit abhanden gekommen. Er war sich selbst ungeheuer geworden, allein die Sprache gab ihm noch Halt. Wer konnte noch sagen, was er selbst war, wer aufhören, sich im Stillen danach zu fragen? Voller Entsetzen und Neugier betrachtete er sich im Spiegel der Sprache. Was er sah, waren die Schrecken der Auflösung, das Zerrbild der eigenen Züge. Philosophieren hieß nunmehr, das Mißtrauen schüren, die Skepsis ins Unerträgliche steigern. Um- und umgewühlt hat die Antike diesen nervösen Zellhaufen Mensch, bis hinein in die Erbanlagen, auf der Suche nach einem Funken Selbstgewißheit, nachdem ihn die Götter verließen. Hier und da hat sie sich ihm gezeigt, immer nur flüchtig, die *humanitas*, dieses Trugbild aus Menschlichkeit, Güte, Geistes- wie Herzensbildung und Zivilisiertsein. Kaum erahnt, hat sie noch jedesmal sich den Blicken entzogen. Geblieben sind das Bewußtsein der Sterblichkeit, der Mut zur Vernunft, ein brüchiges Fundament, auf dem die folgenden Zeitalter aufbauen konnten.

III

Wem könnte daran gelegen sein, das griechische Denken von der Praxis der Römer zu trennen? Was soll das heißen: »man lernt nicht von den Griechen«, wie Nietzsche, der Ungezogene, dekretierte? Gerade im Flüssigen, in der seelischen Beweglichkeit kann der Imperativ liegen. Nebenbei: was braucht es Imperative, wo uns Gedanken gegeben sind? Es stimmt, auch das Deutsche hat sich am römischen Stil, an der lateinischen Ausdruckshärte gebildet. Unterm Frosthauch seiner Grammatik hat es sich kristallisiert, genau wie das Romanische, die fragilen Knochengelenke der Sprache Racines oder das Angelsächsische, Shakespeares instrumentelles Idiom. Von allen europäischen Sprachen ist nur das Russische noch Fleisch vom griechischen Fleische, mit den bekannten Folgen für Geschichte und Poesie. Ihm allein wurde das Geschenk der flexibleren Psyche zuteil.

Das artistische Element in der modernen Literatur aber setzt sich aus beiden Komponenten zusammen, den Griechen verdankt es ebensoviel wie den Römern. Anders gesagt, die antike Literatur steht insgesamt für das Nichttriviale, das Nichtbanale sprachlicher Reflexion. Nur so läßt die enorme Nachwirkung auf alle späteren Geistesrichtungen sich verstehen. Sie ist das Hinterland all der unlösbaren Fragen, der Quell aller Aporien, die uns bis heute in Atem halten. Sie ist der etymologische Nährboden unserer Sprachen, die ursprüngliche Kategoriensammlung, der Gründungsakt hinter den kulturellen Routinen. Auf dem Boden der menippaeischen Schüssel mit all ihrem Form- und Motivsalat zeigt sich in zarter Zeichnung der Grundriß. Es ist, wohlgemerkt, nicht der eines einzelnen zufälligen Hauses, sondern der einer ganzen Stadt, in der wir bis heute zuhause sind, eines Gesellschaftstypus, der uns als soziale Wesen immer noch definiert. Das Griechische war der Auftakt zum logischen Denken, der Beginn aller Dialoge des Menschen (mit sich selbst und den andern), während das Römische unser Denken in ein alphanumerisches Koordinatensystem zwang. Domestiziert haben uns beide, in gegenstrebiger Fügung, wie es bei Heraklit heißt: das Lateinische als Schule der Disziplin, das Altgriechische als Zusichkommen der Inspiration. In ihm lag das Alpha, das die Sehnsucht zum Omega mit sich bringt, das Verlangen der Physis nach Schönheit und Metaphysik.

Quellenangabe: Durs Grünbein: Zwischen Antike und X. In: Heinz Ludwig Arnold (Hg.): Durs Grünbein, TEXT + KRITIK Heft 153, S. 68–71.
Abgedruckt mit freundlicher Genehmigung der edition text + kritik im Richard Boorberg Verlag.
© edition text + kritik, München 2002

Autorenverzeichnis

Prof. Dr. Gesine Schwan

Geb. 1943 in Berlin; Studium der Romanistik, Geschichte, Philosophie und Politikwissenschaft in Berlin und Freiburg/Breisgau; Studienaufenthalte in Warschau und Krakau; 1970 Promotion; 1971 Assistenz-Professorin am Fachbereich Politische Wissenschaft der FU Berlin; 1975 Habilitation; seit 1977 Professorin für Politikwissenschaft, insbesondere für politische Theorie und Philosophie (Spezialgebiete: Marxismus, Demokratietheorien, Theorien des Sozialismus; in letzter Zeit Schwerpunkt ergänzend auf Fragen der politischen Psychologie und der politischen Kultur). 1980–1981 Fellow am Woodrow Wilson Center for Scholars in Washington D.C.; 1984 Visiting Fellow am Robinson College in Cambridge (GB). Von 1977–1984 und erneut seit 1996 Mitglied der Grundwertekommission beim Parteivorstand der SPD. 1985–1987 Vorsitzende der Deutschen Gesellschaft für Politikwissenschaft; 1993–1995 Dekanin des Fachbereichs Politische Wissenschaft der Freien Universität Berlin; 1998 Visiting Professor an der New School for Social Research, New York; seit Okt. 1999 Präsidentin der Europa-Universität Viadrina, Frankfurt/Oder. 1993 Verleihung des Verdienstkreuzes 1. Klasse des Verdienstordens der Bundesrepublik Deutschland.

Publikationen: Leszek Kolakowski: Eine Philosophie der Freiheit nach Marx, Stuttgart u. a. 1971; (Zusammen mit Alexander Schwan): Marxismus und Sozialdemokratie, Hamburg 1974; Die Gesellschaftskritik von Karl Marx, Stuttgart u. a. 1974; Sozialismus in der Demokratie? Theorie einer konsequent sozialdemokratischen Politik, Stuttgart u. a. 1982; Politik und Schuld. Die zerstörerische Macht des Schweigens, Berlin 1997; Antikommunismus und Antiamerikanismus in Deutschland. Kontinuität und Wandel nach 1945, Baden-Baden 1999. Wissenschaftliche Veröffentlichungen zu normativen Fragen der Demokratie und des Sozialismus, zur politischen Ideengeschichte, zur politischen Psychologie. Publizistische Veröffentlichungen zur Berlin-, Deutschland-, Entspannungs- und Europapolitik.

Prof. Dr. Alfred Großer

Geb. 1925 in Frankfurt am Main; in Frankreich seit 1933, Franzose seit 1937. Professor am Institut d'études politiques und Studien- und Forschungsdirektor an der Fondation nationale des Sciences politiques, Paris (1956–1992); Präsident des CIRAC (Centre d'information et de recherche sur l'Allemagne contemporaine); Visiting Professor an der Stanford Univ. (1964/65) und an der Johns Hopkins Univ. (1955–1969); Unterricht an den Universitäten Peking (1987), Keio (Tokio, 1992) und Singapur (1994); Vizepräsident der International Political Science Ass. (1970–1973); politischer Kolumnist für »La Croix« und »Ouest-France«.

Auszeichnungen: Friedenspreis des Deutschen Buchhandels als »Mittler zwischen Franzosen und Deutschen, Ungläubigen und Gläubigen, Europäern und Menschen anderer Kontinente« (1975); Großes Verdienstkreuz mit Stern der Bundesrepublik Deutschland (1975); Grand Officier de la Légion d'Honneur; Theodor-Heuss-Medaille (1978); Goethe-Plakette der Stadt Frankfurt am Main (1986); Wartburg-Preis (1994); Schiller-Preis der Stadt Mannheim (1996); Grand Prix de l'Académie des Sciences morales et politiques (1998).

Neuere Veröffentlichungen in deutscher Sprache: Verbrechen und Erinnerung, München 1990, München 1993; Mein Deutschland, Hamburg 1993, München 1996; Was ich denke, München 1995; Deutschland in Europa, Weinheim 1998, Reinbek 2000.

Neuere Veröffentlichungen in französischer Sprache: Les identités difficiles, Presses de Sciences po 1997; Une vie de Français. Mémoires, Flammarion 1997; Les fruits de leur arbre. Regard athée sur les chrétiens, Presses de la Renaissance 2001.

Prof. Dr. Richard Schröder

Geb. 1943 in Frohburg/Sachsen; nach Ablehnung durch die Oberschule Ausbildung ausschließlich an Kirchlichen Instituten; 1962–1968 Studium der Theologie und Philosophie an den Kirchlichen Hochschulen »Katechetisches Oberseminar Naumburg« und »Sprachenkonvikt Berlin«, danach daselbst Assistent; 1973–1977 Pfarrer in Wiederstedt bei Hettstedt/Harz; 1977 Promotion (1990 staatlich anerkannt); 1977–1990 Dozent für Philosophie an den beiden genannten Kirchlichen Hochschulen; 1988/89 Mitarbeit bei der »Ökumenischen Versammlung für Gerechtigkeit, Frieden und Bewahrung der Schöpfung« in der DDR als Berater der Arbeitsgruppe 3: »Mehr Gerechtigkeit in der DDR«; 20.12.89 Beitritt zur SDP; seit 2.1.1990 Mitarbeit an der Arbeitsgruppe »Neue Verfassung« des Runden Tisches; 18.3.–2.10.1990 Mitglied der Volkskammer der DDR; 3.4.–21.8.1990 Fraktionsvorsitzender der SPD; 3.10.–18.12.1990 Mitglied des Deutschen Bundestages; seit 3.10.1990 Mitglied der Grundwertekommission; seit 1.3.1991 Lehrtätigkeit an der Theologischen Fakultät der Humboldt-Universität Berlin; 26.6.1991 Habilitation an der Kirchlichen Hochschule Leipzig; 1991–1997 Mitglied des Rates der Evangelischen Kirche in Deutschland; seit 1992 Mitglied des Beirates beim Bundesbeauftragten für die Unterlagen des Staatssicherheitsdienstes der ehemaligen DDR (BStU). 25.6.1992 Ehrenpromotion durch die Theologische Fakultät der Universität Göttingen; 1.10.1992 Verleihung des großen Verdienstkreuzes des Verdienstordens der Bundesrepublik Deutschland; 1.2.1993 Berufung zum Professor auf den Lehrstuhl für Philosophie in Verbindung mit Systematischer Theologie an der Theologischen Fakultät der Humboldt-Universität Berlin; 1993 und 1994 Dekan der Theologischen Fakultät der Humboldt-Universität Berlin. Seit 1.3.1993 Rotarier; seit 30.9.1993 Verfassungsrichter des Landes Brandenburg; seit 1993 Präsident des Senats der von Helmut Schmidt und Kurt Biedenkopf gegründeten »Deutschen Nationalstiftung« Weimar; 1995–2000 Vorsitzender des Kuratoriums der EXPO 2000; 21.4.1996 1. Preisträger des Lutherpreises »Das unerschrockene Wort« in Worms; 26.10.1997 Verleihung des »Ludwig-Börne-Preises« in Frankfurt am Main; 1.9.1998–31.8.2000 Erster Vizepräsident der Humboldt-Universität Berlin; seit 1.9.1999 Vorsitzender des Beirates der Evangelischen Akademie zu Berlin; 11.5.01 Verleihung des »Heinz-Herbert-Karry-Preises« in Frankfurt am Main; seit 2001 Mitglied des Nationalen Ethikrates.

Publikationen: Johann Gerhards lutherische Christologie und die aristotelische Metaphysik, Tübingen 1983 (Beiträge zur historischen Theologie 67); Denken im Zwielicht. Vorträge und Aufsätze aus der Alten DDR, Tübingen 1990; Deutschland schwierig

Vaterland, Freiburg 1993; Vom Gebrauch der Freiheit, Stuttgart 1996; Einsprüche und Zusprüche. Kommentare zum Zeitgeschehen, Stuttgart 2001.

Dr. Theo Sommer

Geb. 1930; Abitur 1949 in Schwäbisch Gmünd; danach Åsa Folkhögskola, Schweden; Studium der Geschichte und politischen Wissenschaften in Tübingen, am Manchester College, Indiana, USA, und an der Univ. Chicago; Promotion zum Dr. phil. bei Hans Rothfels in Tübingen mit einer Arbeit über die deutsch-japanischen Beziehungen von 1935–1940; 1960 Teilnehmer an Henry Kissingers Internationalem Seminar, Harvard Univ.; 1967–1970 Lehrauftrag für Politische Wissenschaften an der Univ. Hamburg. Journalist seit 1949; Lokalredakteur »Remszeitung«, Schwäbisch Gmünd, 1952–1955; politischer Redakteur der ZEIT 1958; Chefredakteur der ZEIT 1973–1992; Herausgeber der ZEIT neben Gräfin Dönhoff und Helmut Schmidt 1992–2000; seit 1. April 2000 Editor-at-Large. Beschäftigung vorwiegend mit außenpolitischen Fragen, vor allem Deutschland- und Ostpolitik, Verteidigungs- und Sicherheitspolitik, Europafragen, Entwicklung Asiens.

Vielerlei Aufsätze in ausländischen Publikationen wie »Foreign Affairs«; langjähriger Kolumnist bei »Newsweek International«, »Yomiuri Shimbun« (Tokio), »Jong Ang Ilbo« (Seoul); häufige Funk- und Fernsehsendungen.

Unter Bundesverteidigungsminister Helmut Schmidt 1969/70 Leiter des Planungsstabes im Bundesministerium der Verteidigung; in dieser Eigenschaft u. a. verantwortlich für die »Bestandaufnahme« der Bundeswehr und das Weißbuch 1970; 1970–72 Mitglied der Wehrstrukturkommission der Bundesregierung; stellvertretender Vorsitzender der Weizsäcker-Kommission »Gemeinsame Sicherheit und Zukunft der Bundeswehr« (1999/2000); Leiter des »Arbeitsstabes Dr. Sommer« zur Untersuchung des Umgangs der Bundeswehr mit Gefahrstoffen und Gefährdungen wie Uranmunition, Radar, Asbest (Januar bis Juni 2001).

Ausgedehnte Reisen in Europa, Nahost, Amerika, Asien und Afrika. 1995/96 Mitglied der International Commission on the Balkans (Tindemans-Kommission); 1999/2000 Mitglied der Independent International Commission on Kosovo.

Publikationen: Deutschland und Japan zwischen den Mächten 1935–1940, 1962; Reise in ein fernes Land (mit Marion Gräfin Dönhoff und Rudolf Walter Leonhardt), 1964; Denken an Deutschland (Hrsg., 1966); Schweden-Report (Hrsg.), 1974; Die chinesische Karte, 1979; Allianz im Umbruch? (Hrsg.), 1982; Blick zurück in die Zukunft, 1984; Reise ins andere Deutschland (Hrsg.), 1986; Europa im 21. Jahrhundert (Hrsg.), 1989; ZEIT. Geschichte der Bonner Republik 1949–1999 (Hrsg.), 1999; Was steht uns bevor? Mutmaßungen über das 21. Jahrhundert. Helmut Schmidt zum 80. Geburtstag (hrsg. mit Marion Gräfin Dönhoff), 1999; Der Zukunft entgegen, 1999; Phoenix Europe. The European Union: Its Progress, Problems and Prospects, The Ishizaka Lectures, Tokyo, 2000; Der bunte Kontinent: Ein neuer Blick auf Afrika (hrsg. mit Christoph Plate), 2001.

Mitgliedschaften: Deutsche Gesellschaft für Auswärtige Politik; International Institute for Strategic Studies, London; Atlantik-Brücke (seit 1982); Kuratorium ZEIT-Stiftung (seit 1973); Vorstand Deutsche Welthungerhilfe (seit 1992); Kuratorium Max-Brauer-Preis (seit 1992); Deutsch-Japanisches Dialogforum (seit 1993); Deutsch-Indische Beratungsgruppe (seit 1992; German Co-Chairman seit 1996); Beirat beim Militärgeschichtlichen Forschungsamt der Bundeswehr in Potsdam (seit 1998); Vorstand Deutsch-Türkische Stiftung (seit 1998); Beirat »Leben mit Behinderung«, Hamburg (seit 1998); Beirat Hinz & Kunzt, Hamburg (seit 2000).

Frühere Mitgliedschaften: Council International Institute for Strategic Studies (1963–1976, 1978–1987); Trilateral Commission (1974–1993); Steering Committee Bilderberg Meetings (1975–1989); Steering Committee Königswinter Conference (1962–1992); Beirat Medienstadt Leipzig (1992–1996); Beirat Bertelsmann-Stiftung (1988–1996); Germany Advisory Committee, The German Marshall Fund of the United States (1989–1996).

Auszeichnungen: Theodor-Wolff-Preis (1966); International Communications Service Award, Republic of China (1990); Columbus-Preis (1993); Dr. h.c. University of Maryland (1982); Bundesverdienstkreuz 1. Klasse (1998); Ehrenkreuz der Bundeswehr in Gold (2002).

Dr. h.c. Heike Schmoll

Geb. 1962; Studium der Fächer Evangelische Theologie und Germanistik (Lehramt und »Volltheologie«) in Heidelberg, München, Tübingen; Stipendiatin des Evangelischen Stifts in Tübingen; als Schülerin und Studentin freie Mitarbeit als Konzertkritikerin des Heidelberger Tageblatts, während des Studiums halbjährige Hospitanz beim Südwest-Fernsehen in Baden-Baden, seither auch regelmäßige Rundfunksendungen in SWR und DLR. 1988 Staatsexamen in Tübingen, seit Januar 1989 Mitglied der Politischen Redaktion der Frankfurter Allgemeinen Zeitung in Frankfurt. Zuständig für die Berichterstattung über Schule, Hochschule, Bildung und Erziehung sowie protestantische Theologie.

Dr. Matthias Rößler

Geb. 1955 in Dresden als Sohn eines Gärtnermeisters; nach dem Abitur 1973 in Dresden Grundwehrdienst; 1975–1979 Maschinenbaustudium an der TU Dresden; danach Forschungsstudent und Assistent an der Hochschule für Verkehrswesen in Dresden; 1983 Promotion zum Dr.-Ing. auf dem Gebiet der Strömungs- und Modelltechnik; bis 1990 Entwicklungsingenieur und Leiter einer Forschungsgruppe im Kombinat Lokomotivbau/Elektrotechnische Werke Hennigsdorf, gleichzeitig seit 1989 Arbeit an der Akademie der Wissenschaften zu Themen der Grundlagenforschung; Inhaber mehrerer genutzter Patente, Autor zahlreicher wissenschaftlicher Publikationen; Lehrbefähigung für das Fach »Strömungs- und Modelltechnik«. Seit Ende 1989 Mitglied des »Demokratischen Aufbruch«, 1990 als wissenschaftspolitischer Sprecher Vorstandsmitglied dieser Partei, die er auch am Runden Tisch des Bezirkes Dresden vertrat; seit Februar 1990 Leiter der Fachkommission »Wissenschaft und Bildung« Baden-Württemberg/Sachsen; von Juli bis Oktober 1990 Strukturbeauftragter im Koordinierungsausschuss für die Wiedererrichtung des Freistaates Sachsen zur Vorbereitung des Kultusministeriums; nach dem Beitritt des »Demokratischen Aufbruch« zur CDU seit Mitte 1990 kooptiertes Vorstandsmitglied der sächsischen CDU; seit 1990 Mitglied des Landtages als direkt gewählter Abgeordneter; von September 1994 bis April 2002 Sächsischer Staatsminister für

Kultus, seit dem 2. Mai 2002 Sächsischer Staatsminister für Wissenschaft und Kunst.

Dr. Matthias Rößler ist evangelisch-lutherisch, verheiratet und Vater zweier Söhne.

Prof. Dr. Achim Mehlhorn

Geb. 1939; Chemiestudium an der TH/TU Dresden; 1963 Diplomarbeit bei Roland Mayer: »Versuche zur Einführung von CO_2 in organische Verbindungen« – Diplom-Chemiker; 1963/69 Wissenschaftlicher Assistent am Institut für Organische Chemie an der TU Dresden; Einarbeitung in das Gebiet der organischen Quantenchemie gemeinsam mit J. Fabian durch mehrere Studienaufenthalte bei Rudolf Zahradnik in Prag; 1967 Dissertationsschrift »Versuche zur quantenchemischen Berechnung von Dipolmomenten organischer π-Systeme«, Promotion zum Dr. rer. nat.; 1969 Wissenschaftlicher Oberassistent in der Sektion Chemie der TU Dresden; 1983/84 Studienaufenthalt bei R. Zahradnik in Prag; 1987 Promotion B mit einer Arbeit »Quantenchemische Untersuchungen zur Geometrie und Elektronenstruktur von Molekülen in verschiedenen Elektronenzuständen« (1990 in Habilitation umgewandelt: Dr. rer. nat. habil.). 1992 Ernennung zum apl. Professor an der TU Dresden; 1992 Berufung zum C3-Professor für »Spezielle Organische Chemie« an die Fakultät Mathematik und Naturwissenschaften der TU Dresden; 1992/94 Dekan der Fakultät für Mathematik und Naturwissenschaften; 1994 Wahl zum Rektor der TU Dresden durch das Konzil der Universität; 1997 Wiederwahl in eine zweite Amtsperiode als Rektor bis 2000. 1998 Wahl zum Sprecher der Landeshochschulkonferenz Sachsen; seit 1998 stellvertr. Sprecher der Gruppe Universitäten in der HRK Deutschland; ab 1994 Vizepräsident der Gesellschaft der Freunde und Förderer der TU Dresden; 2000 Wiederwahl in eine dritte Amtsperiode als Rektor bis 2003 durch das Konzil der Universität.

Mitgliedschaften: Aufsichts- und Verwaltungsräte: Gesellschaft für Wissens- und Technologietransfer mbH TU Dresden; Herz-Kreislauf-Zentrum e.V. Dresden; Avesco Financial Service AG Berlin Studentenwerk e.V. Dresden.

Kuratorien: Institut für Polymerforschung Dresden; TU Liberec (Tschechische Republik); Körberstiftung Dresden; Sächsisches

Institut für Geschichte und Volkskunde; Max-Planck-Institut für Physik komplexer Systeme; Fraunhofer-Institut für Werkstoff- und Strahltechnik.

Vorstände und Beiräte: Alcatel-Stiftungskolleg TU Dresden; Dresdner Bank Süd-Ost; Technologie-Zentrum Dresden GmbH; Forschungszentrum Rossendorf; Weiterbildungs- und Beratungszentrum für Denkmalpflege Dresden; Deutsches und Internationales Wissenschaftsrecht e.V., Münster; Akkreditierungsagentur für Studiengänge der Ingenieurwissenschaften und der Informatik, Düsseldorf.

Ehrungen: 1996 Ehrenmitglied der Cela-Stiftung; 1997 Jaroslav-Heyrovsky-Medaille der Tschechischen Akademie der Wissenschaften; 1999 Profesor Invitado der Universität Havanna/Cuba.

Publikationen: 70 wissenschaftliche Abhandlungen; ein Lehrbuch; ein Monographiebeitrag; ca. 600 Reden und Vorträge zur Hochschulpolitik und zur TU Dresden.

Dr. Helmut Meißner

Geb. 1943 in Schleiz, Thüringen; 1954 Übersiedlung der Familie nach West-Berlin; dort 1963 Abitur; 1970 Staatsexamen in Heidelberg (Griechisch, Latein); 1971–73 Assistent; 1975 Promotion; seit 1976 Schuldienst; 1986–92 Fachberater des Oberschulamts Karlsruhe; seit 1988 Referendarausbilder in Karlsruhe. 1996–2001 Vorsitzender des DAV Baden-Württemberg; 1997–2001 stellvertretender Vorsitzender, seit 2001 Vorsitzender des Deutschen Altphilologenverbandes.

Prof. Dr. Manfred Fuhrmann

Geb. 1925 in Hiddesen bei Detmold; Studium der Musik in Detmold und Basel, danach der Klassischen Philologie und des Römischen Rechts in Freiburg i. Br. und Leiden; Habilitation für Klassische Philologie ebendort; 1962 Berufung nach Kiel, 1966 an die neu gegründete Universität Konstanz; 1973 Ablehnung eines Rufes nach Leiden; 1990 Emeritierung. 1991–94 Evaluierungstätigkeit in Berlin, insbesondere an der Humboldt-Universität.

Forschungsschwerpunkte: Lateinische Literatur der Spätantike, Poetik und Rhetorik der Antike, Cicero, Rezeption der antiken Literaturen in der Neuzeit, Didaktik des Lateinunterrichts. Etwa 25 Bücher, 50 Editionen und Übersetzungen sowie 150 Aufsätze. Bibliographie (bis 1994) in: Europas fremd gewordene Fundamente, Zürich 1995, S. 237 ff.

Publikationen (Auswahl): Das systematische Lehrbuch, 1960; Die Antike und ihre Vermittler, 1969; Die antike Rhetorik, 1984, 1995[4]; Cicero und die römische Republik, 1989, 1997[4], engl. 1992; Dichtungstheorie der Antike, 1992; Rom in der Spätantike, 1994, 1998[3]; Seneca und Kaiser Nero, 1997; Geschichte der römischen Literatur, 1999; Der europäische Bildungskanon des bürgerlichen Zeitalters, 1999, 2000[3]; Latein und Europa – Geschichte des gelehrten Unterrichts in Deutschland von Karl dem Großen bis Wilhelm II., 2001; Bildung. Europas kulturelle Identität, 2002.

Prof. Dr. Friedrich Maier

Geb. 1935; Studium der Klassischen Philologie, Germanistik, Geschichte und Philosophie in München; 1970 Promotion; Gymnasiallehrer und Seminarleiter; 1972–1979 Referent für Alte Sprachen am Staatsinstitut für Schulpädagogik in München; ab 1980 Oberstudiendirektor für Didaktik der Alten Sprachen an der Universität München; ab 1993 Professor an der Humboldt-Universität zu Berlin; 1983–1993 Vorsitzender des LV Bayern im DAV; 1983–1993 Mitglied des Bildungsbeirats des Bayerischen Philologenverbandes; 1993–2001 Vorsitzender, ab 2001 Ehrenvorsitzender des Deutschen Altphilologenverbandes.

Publikationen u. a.: Lateinunterricht zwischen Tradition und Fortschritt, 3 Bde., 1979 ff.; Die Version aus dem Griechischen, 1968 ff.; Die Version aus dem Lateinischen, 1974 ff.; Antike aktuell. Eine humanistische Mitgift für Europa, 1995; Konkrete Fachdidaktik Latein, 1996; Herausgeber der Reihen: AUXILIA; ANTIKE UND GEGENWART. Lateinische Texte zur Erschließung europäischer Kultur; MYTHOS UND LOGOS. Lernzielorientierte griechische Texte; Herausgeber und Mitarbeiter der lateinischen Unterrichtswerke der CURSUS-Reihe und des griechischen Unterrichtswerkes HELLAS; Zukunft der Antike. Die Klassischen Sprachen am Scheideweg, 2000; Pegasus. Gestalten

Europas, 2002; dazu Aufsätze zur Didaktik und Methodik des altsprachlichen Unterrichts, zur Rezeptionsgeschichte, zur Europa-Didaktik, Gymnasialtheorie und Bildungspolitik.

Durs Grünbein

Geb. 1962 in Dresden; lebt seit 1986 nach kurzzeitigem Studium in Berlin als Dichter, Übersetzer und Essayist; nach der Öffnung des Eisernen Vorhangs Reisen durch Europa, nach Südostasien und in die Vereinigten Staaten; Gast des German Department der New York University und der Villa Aurora in Los Angeles; für sein Werk – fünf Gedichtbände und eine Sammlung von Aufsätzen – erhielt er mehrere Preise, darunter den Peter-Huchel-Preis, den Georg-Büchner-Preis und den Literaturpreis der Osterfestspiele Salzburg 2000. Seine Bücher wurden in mehrere Sprachen übersetzt.

Publikationen: Grauzone morgens. Gedichte, 1988; Schädelbasislektion. Gedichte, 1991; Den Teuren Toten. 33 Epitaphe, 1994; Falten und Fallen. Gedichte, 1994; Galilei vermisst Dantes Hölle und bleibt an den Maßen hängen. Aufsätze 1989–1995, 1996; Nach den Satiren. Gedichte, 1999; Die Perser des Aischylos. Stück und Materialien, 2000; Das erste Jahr. Berliner Aufzeichnungen, 2001; Erklärte Nacht. Gedichte, 2002.